古代漆器

金开诚◎主编
于　元◎编著

吉林出版集团有限责任公司
吉林文史出版社

图书在版编目（CIP）数据

古代漆器 / 于元编著 .—长春：吉林出版集团有限责任公司：吉林文史出版社，2009.12（2022.1 重印）
（中国文化知识读本）
ISBN 978-7-5463-1689-5

Ⅰ . ①古… Ⅱ . ①于… Ⅲ . ①漆器（考古）– 简介 – 中国 Ⅳ . ① K876.7

中国版本图书馆 CIP 数据核字（2009）第 236895 号

古代漆器

GUDAI QIQI

主编/ 金开诚 编著/于元
项目负责/崔博华 责任编辑/曹恒 崔博华
责任校对/王明智 装帧设计/曹恒
出版发行/吉林文史出版社 吉林出版集团有限责任公司
地址/长春市人民大街4646号 邮编/130021
电话/0431-86037503 传真/0431-86037589
印刷/三河市金兆印刷装订有限公司
版次 /2009 年 12 月第 1 版 2022 年 1 月第 7 次印刷
开本/650mm×960mm 1/16
印张/8 字数/30千
书号/ISBN 978-7-5463-1689-5
定价/34.80元

《中国文化知识读本》编委会

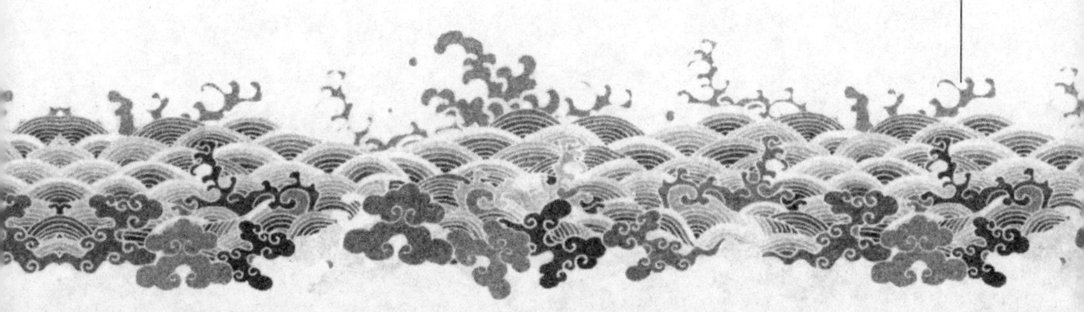

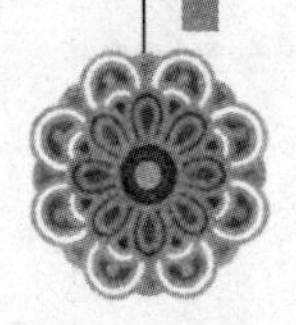

关于《中国文化知识读本》

文化是一种社会现象，是人类物质文明和精神文明有机融合的产物；同时又是一种历史现象，是社会的历史沉积。当今世界，随着经济全球化进程的加快，人们也越来越重视本民族的文化。我们只有加强对本民族文化的继承和创新，才能更好地弘扬民族精神，增强民族凝聚力。历史经验告诉我们，任何一个民族要想屹立于世界民族之林，必须具有自尊、自信、自强的民族意识。文化是维系一个民族生存和发展的强大动力。一个民族的存在依赖文化，文化的解体就是一个民族的消亡。

随着我国综合国力的日益强大，广大民众对重塑民族自尊心和自豪感的愿望日益迫切。作为民族大家庭中的一员，将源远流长、博大精深的中国文化继承并传播给广大群众，特别是青年一代，是我们出版人义不容辞的责任。

《中国文化知识读本》是由吉林出版集团有限责任公司和吉林文史出版社组织国内知名专家学者编写的一套旨在传播中华五千年优秀传统文化，提高全民文化修养的大型知识读本。该书在深入挖掘和整理中华优秀传统文化成果的同时，结合社会发展，注入了时代精神。书中优美生动的文字、简明通俗的语言、图文并茂的形式，把中国文化中的物态文化、制度文化、行为文化、精神文化等知识要点全面展示给读者。点点滴滴的文化知识仿佛颗颗繁星，组成了灿烂辉煌的中国文化的天穹。

希望本书能为弘扬中华五千年优秀传统文化、增强各民族团结、构建社会主义和谐社会尽一份绵薄之力，也坚信我们的中华民族一定能够早日实现伟大复兴！

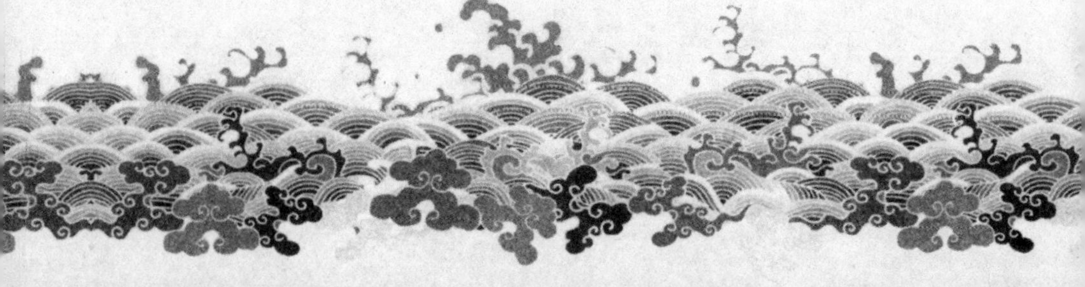

【目录】

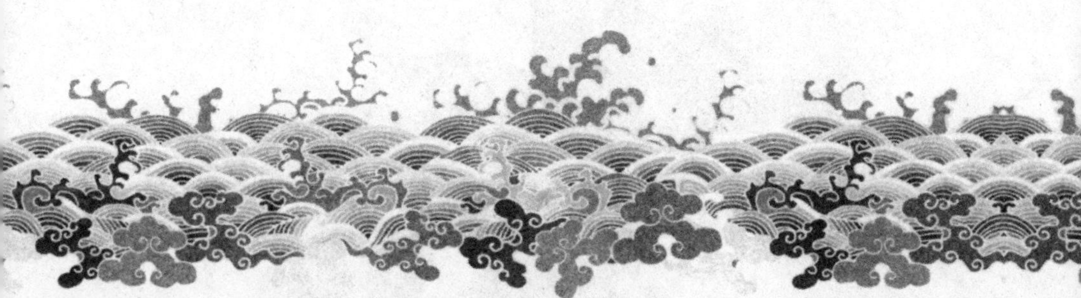

一 说漆

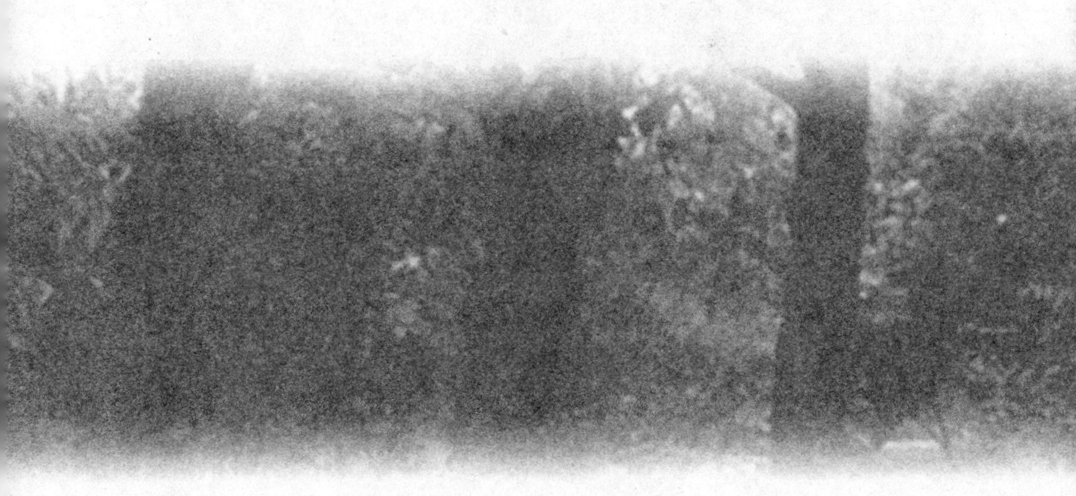

漆树

漆是落叶乔木——漆树的树脂，即生漆，与空气接触后呈褐色，也称大漆、国漆和金漆，可制涂料。

漆树主要分布在亚洲的中部和东部，日本、朝鲜、越南、缅甸等国均有漆树生长，但其产量、质量都不如中国。中国的漆树生长于甘肃南部至山东一线以南的地区。这一地区温暖湿润，适合漆树生长。

漆树高达20米，甚至有高达30米的。树叶呈卵形，花呈黄绿色，果实呈扁球状，外表平滑，呈黄色。

漆树长到八年时就可以割取漆液了，四十年树龄的漆树仍然可以割取漆液。从漆树上割取的天然漆液叫生漆，而熟漆是指经过日照、搅拌、掺入桐油氧化后的生漆。

每年割漆的时间长达数月，从4月到8月均可，而三伏天割取的漆液质量最佳。因为盛夏时水分挥发快，阳光充沛，漆树长得最好。每天日出之前是割

西汉彩绘漆云凤纹樽

剔红观瀑图八方盘

漆的最好时机，先用蚌壳割开漆树皮，露出木质后将木质切成斜形刀口，将蚌壳或竹片插在刀口下方，漆液就会沿着蚌壳或竹片流到下面事先准备好的木桶中了。

漆液成分有漆酚、树胶质、氮、水分及微量的挥发酸等，其中近80%的成分是漆酚。漆酚的含量越多，漆液的质量越好。

生漆本是乳白色的胶状液体，一旦接触空气后会变为褐色，数小时后便会硬化成固体。生漆是军工设备、工业设备、农业设备、手工艺品和民用家具的优质涂料。

漆器是中国古代劳动人民的重要发明。漆器的制作工艺相当复杂，首先要制作胎体。胎体多为木质，偶尔也用陶、瓷、铜或其他材料，也有用固体漆直接刻制而不用胎体的。胎体完成后，漆匠运用多种技法对其表面进行装饰，抛光后可与瓷器媲美。漆层在潮湿的条件下自然阴干，固化后非常坚硬，富有光泽，有耐腐蚀、耐磨擦、耐酸、耐碱、耐热、隔水、绝缘等特性。

漆器像陶瓷、丝绸一样，是我们伟大民族引以为豪的瑰宝。

二　漆器的分类

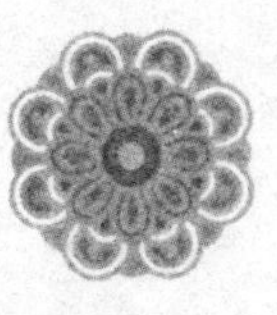

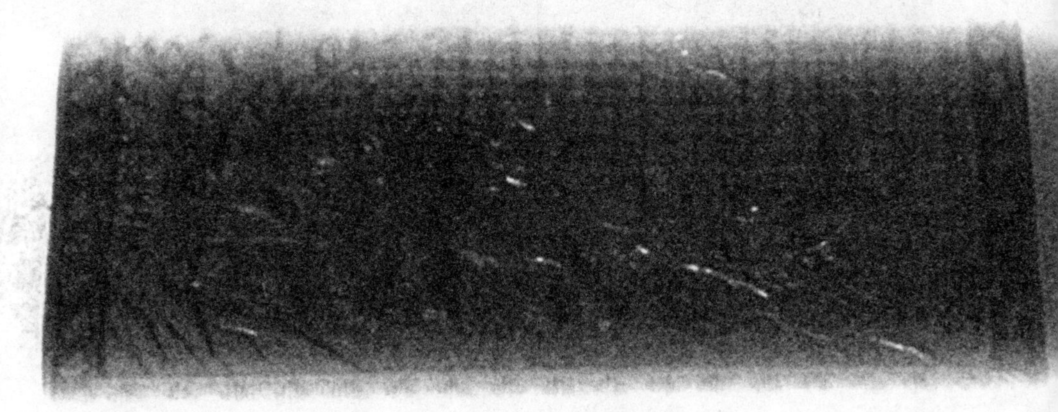

人物造型漆工艺品

（一）一色漆器

一色漆器指通体光素一色、不加任何纹饰的漆器。一色漆器主要有黑、朱、黄、绿、紫等单颜色的漆器。最早的一色漆器出现于原始社会，以后历代均有作品传世，以朱、黑、紫三色最为常见。

明代黄成在《髹饰录》一书中把金漆也归到一色漆器类中，名为“金髹”“浑

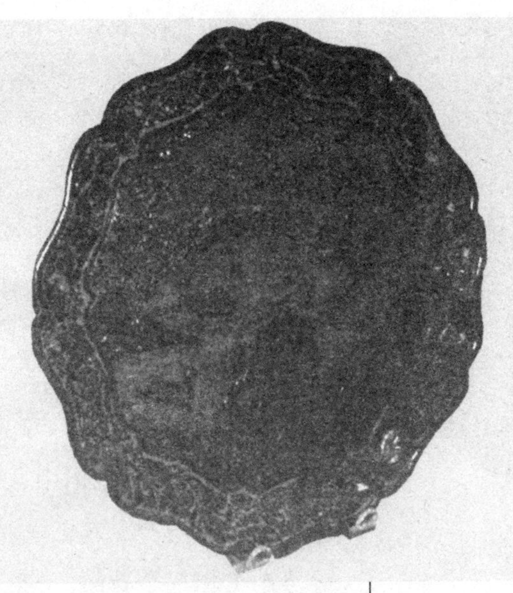

宋代漆器

金漆”或“贴金箔”。金漆的做法是在黄色、朱色、黑色等漆面刷一层黏漆，然后把金箔或金粉粘贴上去。一色金漆常见的实物以佛像居多，也有漆匣、漆盘、漆碗、漆盒等。

宋代工艺品以质朴的造型取胜，很少有繁缛的装饰，给人一种清淡之美。最能代表这种艺术风格的莫过于一色漆器。宋代一色漆器非常流行，造型美观，胎体又轻又薄，比例匀称，除以往的方形和圆形的盘、碗外，起瓣分棱成为这类漆器的明显特征，以造型的曲线美成就其艺术效果，与宋代的瓷器造型极为相似，具有浓郁的时代气息。如紫褐色漆托盏，造型独具匠心，漆面光洁细腻，线条流畅，色泽厚实，素朴高雅，制作精湛，杯口、盘口、足缘三者像三个同心圆，似乎在同一个中轴上旋转不止。

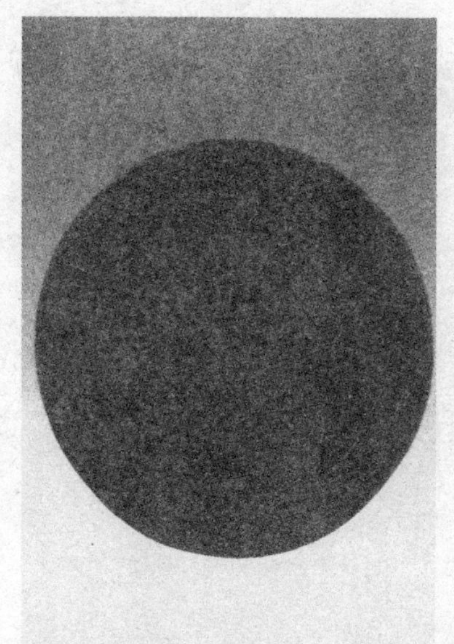

朱红“福”字漆盘

（二）罩漆漆器

罩漆是在漆器完工后，在表面再罩一层透明漆。因罩漆下面的底色不同，而有种种不同的名称，主要有罩朱漆、罩黄漆、罩金漆、洒金等几种。

《髹饰录》描饰门中有一种描金罩漆，也应归入罩漆类。其做法是在黑、朱、黄等漆地上作描金花纹，花纹上用朱色或黑色勾纹理，最后再罩一层透明漆。罩了一层透明漆之后，透明漆下的底漆颜色比不罩漆时要深一些，漆器表面显得光亮润泽，花纹隐现，极为雅致。

罩金漆出现较晚，清代多用于帝后御用的宝座、屏风等。罩过的金漆在透明漆下透出金色的光彩，可以保护金色不退和不受磨损。如北京故宫太和殿的金銮宝座就曾罩过金漆。

这个宝座原为明代嘉靖皇帝重修皇极殿时所制，康熙年间重修太和殿时将这个龙椅经过一番整修后继续使用，一直沿用到清末。金銮宝座距今已有四百五十余年的历史，仍然金光灿灿，光艳如新，原因就在于为这个宝座是经中国独特的罩漆工

漆器上的精美雕刻

艺制成的。

这个宝座材质名贵，加工细雕后，再用足金在胶水中研细，去胶晾干成粉末状，用丝绵拂到打好金胶的宝座上，成为“泥金”，最后罩漆。罩漆用油是桐油加漆合成的，具有透明度，干后呈现剔透的光泽，这样不仅可保护下面的色彩及漆层，还不会遮掩下面的色泽，因而历久弥新。

（三）描漆漆器

描漆漆器包括描漆和描油两种。描漆是在光素的漆地上用各色漆来描绘花纹；描油又称描锦，是以桐油代漆调制出各种鲜艳的颜色后，再绘制出花纹。古代彩绘漆器有只用彩漆或只用彩油者，但更多的是二者兼用。

先秦时期，漆器均用彩漆。如战国彩绘描漆小屏风，长 50 厘米，高 15 厘米，宽 12 厘米。此屏风出土于江陵望山一座战国古墓中，长方框内由雕刻的动物组成图案，有鹿、凤、鸟、蛙等。动物雕刻形象生动，比例准确，技艺精湛。屏座由数条雕塑的蛇屈曲盘绕而成，具有神秘色彩。

此器描漆精致，屏座及框架以黑漆为地，施以红、绿、银灰等色，禽、兽也施以彩漆，绚丽夺目。

汉代漆器出现油彩后，其使用频率日渐增多，使漆器的色彩更加艳丽和丰富。

明清两代，漆器上油彩的使用相当普遍，有的漆器花纹几乎全部使用油彩。如清中期的描油莲蝶纹长方盒，高 6.2 厘米，长 21.7 厘米，宽 18 厘米，长方形，天盖

金漆木雕坐像

金漆人物长方盒

地式，平盖面，底的四角有垂云足。盖面施红漆卍字锦地，中心描油彩变形莲花一朵，四角以红、白、蓝等颜色绘出彩蝶各一只。盖壁描油彩漆卍字锦纹地，上饰莲花纹。

描油即以油代漆在漆器上绘制花纹的技法。油与漆不同之处在于油可以调制任何颜色，便于描绘绚丽的图纹。而描漆却达不到这种效果，漆不能配制天蓝、雪白、桃红等颜色。描油工艺在清代漆器中使用较多，色彩也最为丰富。描油莲蝶纹长方盒即清代描油漆器之精品。

清代花卉描金漆碟

（四）描金漆器

描金又名泥金画漆，即在漆地上加描金花纹，做法是在退光漆地上用朱漆或黑漆画花纹，干后在花纹上打金胶，然后将金箔贴上去，或将金粉描上去。

描金原料有的只用一种金箔，花纹金色如一。有的用两种或三种金箔，如用赤金、库金等，使颜色不同。利用这些颜色不同的金箔分贴不同的花纹，使花纹呈现出色泽的变化，犹如绘画之设色。还有用漆灰堆出凸起的花纹后再描金或贴金的做法，如湖北随县擂鼓墩出土的

明代描金人物漆盘

描金漆棺，长250厘米，宽125至127厘米，高132厘米，用大型梓木板榫接而成，棺口四角各用铅锡爪钉加固，作子母口扣合，棺两端各装两个铜环钮以利启合。此棺通体髹漆，内壁红漆。头档中部嵌一件青玉璜，外壁先抹漆灰泥，打磨光滑后，再髹黑漆和红漆各一层，以红漆为地，用黑色和金黄色两种颜色相间地绘出各种形态的龙、蛇、鸟、兽、神等图像共九百多个，而龙占半数以上。足档中部绘一“田”字形窗口，两侧板各绘一堵格子式门，绕窗绘有各种动物，守门者是执戟的神兽。此棺纹饰富丽，色彩鲜艳，表现出完美的描金技术，开创了我国描金漆器之先河。

（五）堆漆漆器

堆漆是把漆堆积起来的工艺，包括“识文”和“隐起”两种做法：所谓“识文”就是用漆灰或稠漆堆出高于漆面的花纹之后，不加雕琢；而加以雕琢的做法称为“隐起”。这两种漆器都是用堆漆的方法做出凸起的纹饰，再在堆漆的纹饰上加饰色漆。

西汉马王堆1号汉墓中出土的第二层套棺上的云纹轮廓线条明显凸起，即属堆漆。

唐代堆漆的例证是保存在日本的鉴真法师雕像，其五官及衣纹凸起部分均为漆灰堆塑。

清代红料福禄寿烟漆壶

宋代堆漆技法日臻成熟，如北宋描金堆漆舍利函，现藏于浙江省博物馆。舍利函是佛教器物，是盛放高僧火化后的尸骨的容器。佛教自东汉传入中国并开始产生影响后，在三国两晋南北朝时期达到了空前的高峰。宋代，佛教又进一步发展，融入了更多的汉民族文化。此函底部有金字十一行，为施主姓名和地位，结尾处署“大宋庆历二年壬午岁十二月题记”，可知此器制于1043年1月。此函通体描金，堆漆而成菊花、神兽等，嵌以小珍珠，髹以棕色漆。中部四面用金笔绘出白描人物画各一幅：一幅是舍利瓶居中，神将侍卫、飞天环绕；一幅是神将侍立，乐器环绕，

描金堆漆檀木舍利函

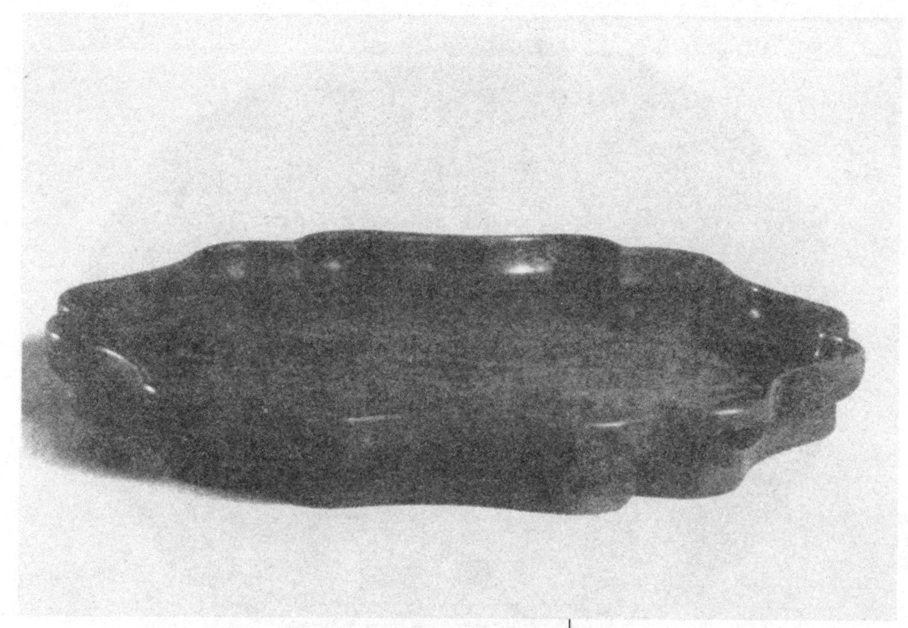

填漆戗金云龙纹葵瓣盘

水云飘荡的礼乐图，两幅分别是梵天、帝释、侍女礼佛场面。

此函图案精致，工艺高超，运笔老练，布局疏密有致。

（六）填漆漆器

填漆即填彩漆，做法是先在漆器上印刻花纹图案，然后在花纹内填入色漆，干后磨平，呈现出光滑平整的效果。如江苏武进县南宋墓出土的填朱漆斑纹地戗金山水花卉纹长方盒，盒面为柳塘图，空地细钩密密麻麻的圆点纹，圆点内填红漆，是我国填漆技法的雏形。

此盒通高 10.7 厘米，长 15.3 厘米，宽 8.1 厘米，木胎，通体外髹朱漆，内髹

剔彩龙舟图荷叶盘

黑漆。

从整体上看，这件长方盒以朱漆为地，与宋代流行的光素漆器并无区别，但由于采用了细钩填漆戗金的装饰手法，使这件长方盒图案轮廓分明，色泽艳丽清晰，显得极为典雅高贵。

明清两代，填漆技法相当娴熟，如清代乾隆年间的填漆戗金凤纹莲瓣式捧盒，填漆戗金工艺已达炉火纯青之境，兼用填、描两种方法，代表了乾隆时期漆器工艺的水平。

此盒先以锦地衬托缠枝花，再以缠枝花衬出双凤。这种分层衬托法使图案

剔彩货郎图漆盘

明晰，繁而不乱，有锦上添花之妙，显得富丽堂皇。

（七）雕填漆器

雕填工艺是先用填漆的方法做好花纹，然后沿着花纹轮廓勾出阴文线，在勾出花纹上的纹理之后，在阴文线内填金，实际上是把填漆与戗金相结合的新技法。

雕填技法盛行于明清两代，有的是真正的雕填，即雕刻阴文花纹后再填入彩漆，然后戗金；有的是以彩绘代替雕填，绘后再戗金；有的一部分为雕填，一部分为彩绘，两法并施，最后戗金。《髹饰录》

中将以填漆为主的雕填称为“戗金细勾填漆”，将以彩绘为主的雕填称为“戗金细勾描漆”。

雕填漆器的传世实物有很多，如北京故宫博物院收藏的明代龙纹雕填方角柜，花纹的彩漆层厚达 1 至 2 厘米，远远超过描漆的厚度，是以雕填工艺制成的。

又如清代流云纹雕填鹌鹑笼，木胎，似鸟笼而无横杠，为宫中豢养鹌鹑的用具，在斗鹌鹑前使用。

此笼通体以蓝、褐、红、紫、茶等彩漆描绘流云，深浅成晕，并由一色渐渐转为另一色。彩漆稀薄，可透见朱色漆地，是以彩绘技法制成的。

鹌鹑笼十分少见，漆器鹌鹑笼更为难得。此笼制作工艺精湛，属漆器中的珍品。

（八）螺钿漆器

螺钿又称钿嵌、陷蚌或坎螺。螺钿是将各种贝壳的天然色彩与美丽光泽的最佳部位分层剥离和磨制后，根据设计图案的需要，镶嵌在漆器表面上作为装饰。由于镶嵌的螺片有厚有薄，故有厚螺钿与薄螺钿之分：厚螺钿壳片较厚，硬度大，又称“硬螺钿”；薄螺钿壳片薄如纸，又称“软螺钿”。

清代中期描金人物漆果盘

还有一种衬色螺钿，也叫衬色钿嵌，是用透明的贝壳薄片裁出花纹，下面再衬上不同的颜色后嵌贴到漆器上去，所衬各种颜色通过透明壳片呈现出色彩晶莹、温润的效果，犹如掐丝珐琅，即景泰蓝。这相当于人工设色。

我国用蚌片镶嵌在漆器上作为装饰的做法，早在西周墓中即已有多处发现。西汉盛行彩绘和嵌金箔、银箔漆器，之后促进了螺钿漆器的发展。唐代，螺钿髹饰技法有了新的发展，尤其是作为铜镜背面的装饰而大放异彩，如 1955 年在河南洛阳唐墓中发现的人物花鸟纹镜，见本书“古代著名漆器”部分。唐代以前的漆器均用

印泥漆盒

较厚的螺钿片镶嵌，宋代已有薄螺钿漆器了。日本东京国立博物馆收藏的薄螺钿漆器中，就有宋代器物。

北京元大都遗址出土的薄螺钿《广寒宫图》漆盘残片，代表了我国元代薄螺钿工艺的水平。

清初，螺钿工艺达到了高峰，宫廷造办处内有专门工匠制作皇家御用的嵌螺钿漆器。数量众多，品种丰富，大到屏风、门窗、桌椅、书架、箱柜，小到瓶、盒、瓶、杯、盘及文房用具等，无不用五彩缤纷的螺钿镶嵌成的山水人物、花鸟鱼虫等图案来装饰漆器。特别是康熙年间，螺钿漆器的制作达到了高峰，如嵌螺钿漆香几，

明代宣德木制松竹梅填漆盒

清代描金黑地山水楼阁图漆手炉

漆面光洁平整，钿片厚薄均匀，牡丹花瓣表现入微，整体富贵华丽，雍容大气，是不可多得的珍品。

衬色螺钿出现较晚，如清晚期的嵌衬色螺钿团花长方盒，通体髹黑漆，饰衬色螺钿图纹。盖面为梅花、蝴蝶、菊花、水仙、荷花、牡丹等纹饰，四周点缀小

犀皮螺钿漆盒

梅花及圆点。盒壁嵌佛手、月季、牡丹、水仙等花卉纹。盒内及底均髹黑漆洒金地。此盒所嵌螺钿反衬出红花、绿叶及白色梅花，以黑漆勾勒轮廓，花、叶均有晕染的效果。

（九）犀皮漆器

犀皮又称“虎皮漆”，做法是先在器胎上用石黄漆调成稠漆，做成高低不平的表面，再用右手拇指轻轻将漆推出一个个高起的小尖，稠漆阴干后，上面再髹涂多层不同色漆，各色相间，并无一定规律，最后通体磨平。凡是突起的小尖磨平后，都围绕着一圈一圈的不同漆层呈现类似松鳞的花纹，或如行云流水，或像松树树干上的鳞皴，乍看很匀称，细看又漫无规律，似天然形成，非常美观。

1984 年 6 月，安徽省文物考古研究所在马鞍山市发掘了三国东吴右军师左大司马朱然的墓葬，墓中出土了一批精美的漆器，其中最著名的是犀皮漆耳杯，制作工艺相当成熟。这一发现把我国犀皮工艺的出现年代提早了约六百年。

朱然墓中出土的耳杯，长 9.6 厘米，宽 5.6 厘米，高 2.4 厘米。用料讲究，造型秀美。皮胎，椭圆形口，月牙形耳，平底。整个杯身髹黑、红、黄三色漆，利用颜色和层次的变化，光滑的表面呈现出漩涡状花纹，回转浮动，随意变幻，有行云流水

犀皮漆耳环

雕漆漆器

之妙，与人工设计的图案截然不同。同时，杯耳及口沿镶鎏金铜扣，既可以加固酒具，又显得富丽堂皇。虽已埋藏地下近两千年，仍光泽如新，是我国迄今所见最早的犀皮漆器，极为珍贵。

（十）雕漆漆器

雕漆又称漆雕、剔红、剔黄、剔绿、剔犀、剔黑、剔彩、堆朱、堆漆，明朝中后期统称雕漆。雕漆中尤以剔红为最多。

剔红的做法是在器胎上涂一定厚度的朱漆，少则二三十道，多则上百道，然后在漆上雕刻花纹。剔黄、剔绿、剔黑等技法与之相同。

剔彩是在器物上分层涂不同颜色的漆层，当漆层达到一定厚度时，根据图案要求，需要哪种颜色，就将它上面的其他颜色剔掉，露出所需要的色漆。

我国雕漆出现于唐代，横跨唐、宋、元、明、清五个朝代，具有极高的社会地位和艺术价值，至少已有一千多年的历史。

宋、元两代雕漆技法日臻成熟，如北京故宫博物院藏有一件精致的剔红传世珍品桂花纹剔红盒，为南宋晚期作品。此盒口径8.7厘米，高3厘米，漆质坚厚，精光内蕴。盖面以锦纹为地，上雕桂花一枝。盒壁斜雕回纹，雕工精细圆润。盒底髹黑漆，有朱漆篆书“黑林秘玩”的印款。

清代剔红漆砚台盒

元末明初，尤其是永乐时期生产的雕漆漆器，技艺精湛，工艺达到了历史上的最高水平，如张敏德造剔红赏花图圆盒，通高7.5厘米，口径20.4厘米。此盒盖面雕有窄长的回纹和方格花卉两种锦纹地，上为殿阁、人物、围栏、庭院、翠竹。阁内有两童子在准备饮膳，庭院中有两人在赏花。盖壁与盒身黄漆地上雕有各种花卉。盖内一侧有“张敏德造”针划四字款。此盒构图完美，刀法精湛，宛如一幅工笔画，为元末雕漆杰作。

雕漆观音瓶

清代乾隆年间，由于皇帝喜爱雕漆制品，大力提倡生产，宫廷所用的雕漆品种繁多，如屏风、桌椅、小盘、小盒、小瓶、小罐等。这些漆器造型精致，富于变化，颜色增多，并出现与玉石镶嵌结合而成的产品。在图案方面除花鸟、人物外，开始出现了各种吉祥如意的图案。

繁荣一时的雕漆在乾隆以后逐渐衰败，技艺几乎失传。后来，清官需要修理雕漆工艺品，民间雕漆业才重又兴起。艺人萧兴达、李茂隆等从清宫内需要修理的破损雕漆漆器上得到启发，合办了雕漆作坊，招收徒弟，于清光绪二十七年（1901年）下半年在北京剪子巷开业，取名继古斋雕漆商会。经过几年的努力，将清代雕漆技艺继承下来，并有所提高，超过了乾

清代剔红雕漆牧童盖盒

隆时期，并带有明显的北京地方色彩。萧兴达等人制作的漆器“群仙祝寿大围屏”，曾在 1914 年美国旧金山举办的巴拿马国际博览会上获得一等奖，享誉世界。继古斋对我国雕漆技艺的发展起了很大作用，在雕漆史上占有重要的地位。

（十一）剔犀漆器

剔犀也称云雕，在日本称为屈轮，是雕漆工艺的一种。因其图案多以回旋生动、流转自如的云纹组成，故称云雕。做法是在器胎上用两种或三种色漆有规律地逐层髹涂，当各层的厚度达到约 5 毫米时，用刀斜剔出卷草、勾纹等不同花纹，刀口断面清晰地显露出不同颜色的漆层，器表为黑面、红面或紫面，状如行云流水，自然流动，浑然天成。

此技法出现于唐代，定型于宋代，如江苏武进南宋墓出土的剔犀云纹执镜盒，长 27 厘米，直径 15.4 厘米。此盒圆形带柄，木胎。在褐色漆地上用朱、黄、黑三色漆逐层髹饰，待累积到一定厚度后，再用刀在盒面、柄部及周缘剔刻出云纹八组，刀口露出多层色漆，肥厚圆熟。

又如元代剔犀盖盒，直径 4.8 厘米，高 6.2 厘米，圆形，木胎上用朱、黑色漆分层相间髹饰约百道，盖面和盒身满雕如意云纹，其余部分均髹黑漆。盒底左侧边缘有针刻“张成造”三字款。

此盒器形古朴高雅，漆色光亮温莹，刀法深峻圆润，为张成传世漆器中之珍品。

剔犀如意云纹方盒

（十二）款彩漆器

款彩是在木板上用漆灰做底子，上黑漆或其他色漆，用近似白描的方法在漆面上勾出花纹，保留花纹轮廓而将轮廓内的漆灰都剔去，使花纹低陷。然后用各种色漆或色油填入轮廓，成为彩色图画。由于花纹轮廓高起，看上去很像印线装书的木版。北京工匠因剔刻铲去的

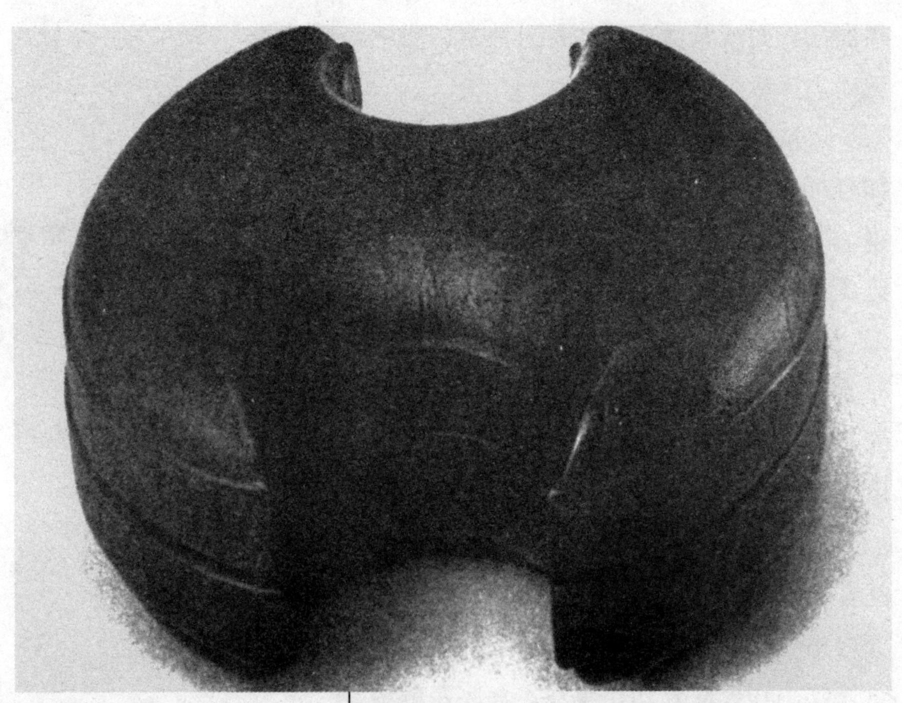

彩漆戗金银锭盒

部分是漆灰，称之为“刻灰”。文物界则称之为“大雕填”，以别于有戗金细钩的一般雕填。

款彩在明代已经流行，曾有在小插屏的屏心用款彩做出山水人物的。清初，用款彩作大围屏之风渐盛。传世的八叠、十二叠的款彩围屏多数是康熙时期的制品。款彩花纹比较粗，可以装饰大面积的空间，宜于远观，用在围屏上非常适宜，如清康熙通景庭院博古纹黑漆款彩屏风，长达406厘米，高有214厘米。屏风上绘有楼台殿阁，一片及时行乐景象。

北宋朱漆戗金方盒

（十三）戗金漆器

漆器的戗金工艺是宋代的新创造，起源于战国时期的针刻，做法是在漆地上用刀尖、针或锥画出纤细的花纹，在刻纹中上漆后再填金粉或银粉。填金粉的称之为戗金，填银粉的称之为戗银。如果填入其他色漆，则称为戗彩。湖北省

戗金云龙纹朱漆长方盒

光化县五座坟西汉墓出土的漆卮是迄今发掘到的最早的戗金漆器，与宋以后的戗金技法相同。

明清戗金技法多与填彩工艺相结合，如明代鲁王朱檀墓出土的戗金云龙纹朱漆长方形盒，高 7.2 厘米，长 36 厘米，宽 11 厘米。此盒木胎，内外髹朱漆，盒盖表面及盒体两侧面均饰戗金云龙纹，盒体两端饰如意云纹。龙纹基本上继承了元代龙的风格，但已有所改变，如头部较长，五爪，蛇身，细鳞。

又如同墓出土的戗金云龙纹朱漆盝顶箱，高61.5厘米，宽58.5厘米。此箱木胎，箱板厚1厘米。箱面髹朱漆，箱里髹黑漆，戗金为纹。此箱戗金技艺极为熟练，运刀迅疾，刚劲挺秀，为明初戗金工艺的典范。整个木箱内分三层，中有套斗，下有抽屉。箱的顶部及四侧面均饰团龙纹，边部饰忍冬纹。龙纹头面较长，五爪，蛇身，细鳞，卷尾，点缀骨朵云。箱的活页、穿鼻、提梁及锁钥等均在铁器上錾刻阴

填漆戗金凤纹莲瓣捧盒

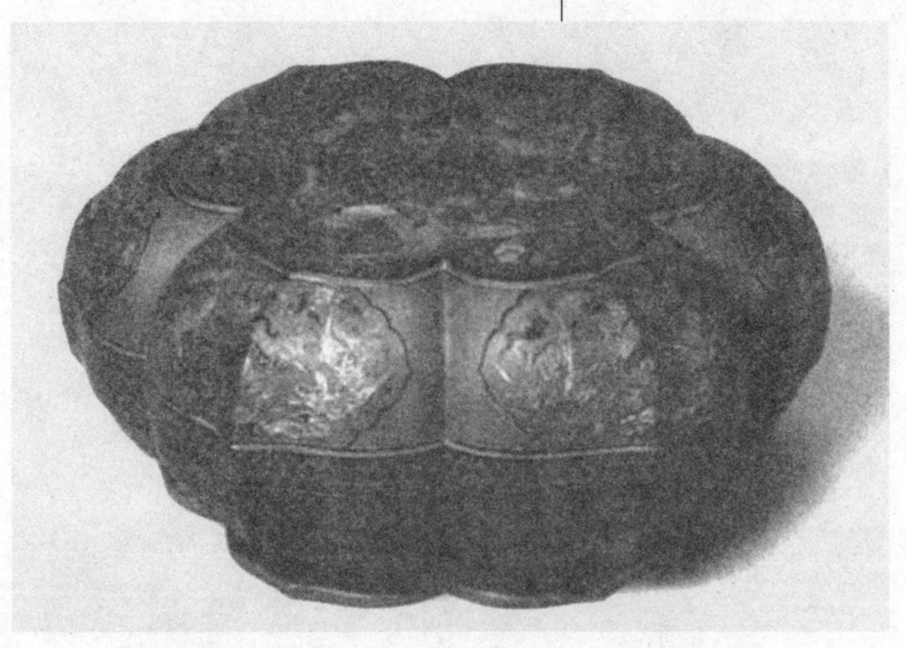

纹，并锤上金丝。金铁相映，更显豪华富贵。

（十四）百宝嵌漆器

用各种珍贵材料如珍珠、宝石、珊瑚、碧玉、翡翠、玛瑙、象牙、蜜蜡等镶嵌在漆器表面，组成各种图案，此种技法称为百宝嵌。百宝嵌技法在西汉古墓出土的漆器上已见雏形，流行于明代，到了清代更为盛行。用百宝嵌成的图案花纹会随光线角度的变化发出各式各样的光彩。

花卉百宝嵌黑漆笔筒

明代嘉靖年间，扬州有一位名叫周筑的漆器工匠，以金、银、宝石、珍珠、珊瑚、碧玉、翡翠、水晶、玛瑙、玳瑁、车渠、青金、螺钿、象牙、蜜蜡、沉香、绿松石等雕成山水、人物、树木、楼台、花卉、翎毛等嵌于檀梨屏风、桌椅、窗槅、书架、笔架、茶具、砚匣、书箱上。他能巧妙地利用珍珠、珊瑚、玉石、水晶、玛瑙等名贵材料的质感和颜色组合各种装饰图案，为之取名百宝嵌，如瑶池赴会，即百宝嵌漆器中之佳作。

百宝嵌工艺到清代乾隆年间曾盛极一时，除扬州外，北京和广州的漆器工匠都善于制作这种五光十色、富丽堂皇的漆器制品。

百宝嵌山水海棠漆套匣

清代，百宝嵌发展成为家具制作的重要镶嵌技术之一，如百宝嵌山水海棠式漆套盒，高14厘米，口径13厘米，海棠花形，双层，外套一个镂空黑漆匣。盒通体髹黑漆为地，嵌螺钿纹饰。盖面以厚螺钿嵌云纹、暗八仙纹，并饰以红珊瑚、绿松石、紫晶等。盒侧面用白、黄两色厚螺钿嵌云蝠纹。套匣面上以厚螺钿、孔雀石、珊瑚、玻璃、椰子木等嵌成屋宇、小桥、山石、树木，并有描金水纹山水风景图。此百宝嵌套盒造型新颖，设计巧妙，构图清新，色彩淡雅，所镶嵌的各种料石均采用浮雕式装饰手法，立体感很强。

三　古代漆器史

（一）先秦漆器

先秦漆器分为发生期、缓进期和发展期三个阶段。

新石器时代前期，我国出现了长期定居的村落，比旧石器时代有了很大的进步。这时，人们发现天然漆树的树脂不仅耐酸，抗腐蚀，而且经过打磨之后能发出诱人的光彩，既实用又能起到装饰作用。于是，漆器便应运而生了。

在浙江省余姚县河姆渡遗址出土的瓜棱形朱漆碗，距今已有六千多年的历史。

这只朱漆碗口10.6厘米×9.2厘米，

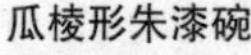
瓜棱形朱漆碗

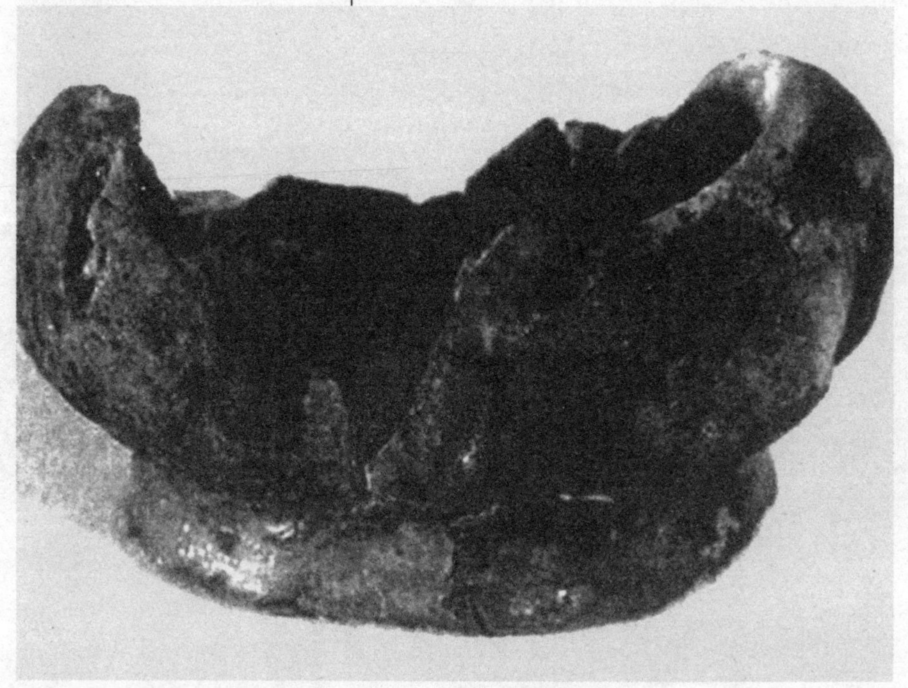

彩绘龙鸟纹漆圆盘

高 5.7 厘米，底 7.6 厘米 ×7.2 厘米。木胎，挖制，敛口，器壁较厚，呈椭圆瓜棱形，圈足，稍外撇，造型美观。碗内外有薄层朱红色涂料，剥落较重，微有光泽。专家用微量容积进行热裂收集试验，确认碗上的涂料为生漆。

这只朱漆碗的发现，说明早在新石器时代我们的祖先就已认识漆的性能并能调

漆绘黑陶杯

配颜色用以制造漆器了。这件朱漆碗是我国至今发现最早的漆器之一，在中国漆器发展史上占有相当重要的地位。

新石器时代后期，也就是公元前3500年至公元前2000年，漆器工艺较前又前进了一步，但制作仍然比较粗糙，也很简单。如漆绘黑陶杯，轮制，口径6厘米，高13厘米，泥质灰陶，

精致的漆器经过抛光可与瓷器媲美

胎质较薄，器表层为黑色，筒状。口沿下微细，下腹略鼓，平底。黑陶杯上用棕红色漆绘制出一道宽宽的彩带，虽然漆绘已干缩并部分剥落，但仍给人以简洁明快之感。

又如彩绘高柄豆，陶寺遗址出土。残盘 10 厘米，座径 19 厘米，通高 50 厘米。木胎，斫制。盘沿已残，盘心微凹。盘下有短颈一段，略呈束腰状。颈与柄部之间出窄檐一周。柄的上、下端外展而中部作柱状。柄以下为双层圆础状底座。通体器表涂赭红色，其上隐约可见斑驳不清的白色图案。陶寺遗址位于山西省襄汾县陶寺村南，是唐尧部族的文化遗存。

漆器化妆匣

夏商周三代，大约公元前2000年至公元前475年，奴隶制统一国家建立了起来，生产关系比原始社会有了明显的进步。农具改进了，耕地也扩大了。这使手工业也有了相应的发展。在这一时期里，漆器生产原始社会大有进步，但发展速度仍然比较缓慢。这是漆器的缓进期。

商代和西周的漆器有盘、豆、觚等多种器形，并出现了用蚌片或蚌泡镶嵌成图案的早期螺钿漆器。如商代漆碗，口径16.6厘米，厚木胎，挖制。通体髹黑漆，素面，敛口，尖唇，腹壁向下收成平底。口沿下有两道深弦纹，下腹近底处也有一道深弦纹。

北京琉璃河西周墓地中曾发现镶有蚌片的漆器，图案工整细致。这证实西周的螺钿漆器已经达到了相当高的水平，从而把我国螺钿镶嵌工艺的时间上溯到了西周。这件彩绘凤鸟纹嵌螺钿漆罍开创了螺钿镶嵌的先河。

春秋时期的漆器出土种类和数量虽然不多，但一些漆器上已使用金属附件，并发现镶嵌金贝和压花金箔的精品，代表了当时的漆器发展水平。

春秋时期的出土漆器有豆、俎、杯、盘、勺及髹漆的木棺、车、矛、盾牌等，如禽兽纹俎，长 20.5 厘米，宽 19 厘米，高 145 厘米。木胎，斫制。俎面呈长方形，

禽兽纹俎

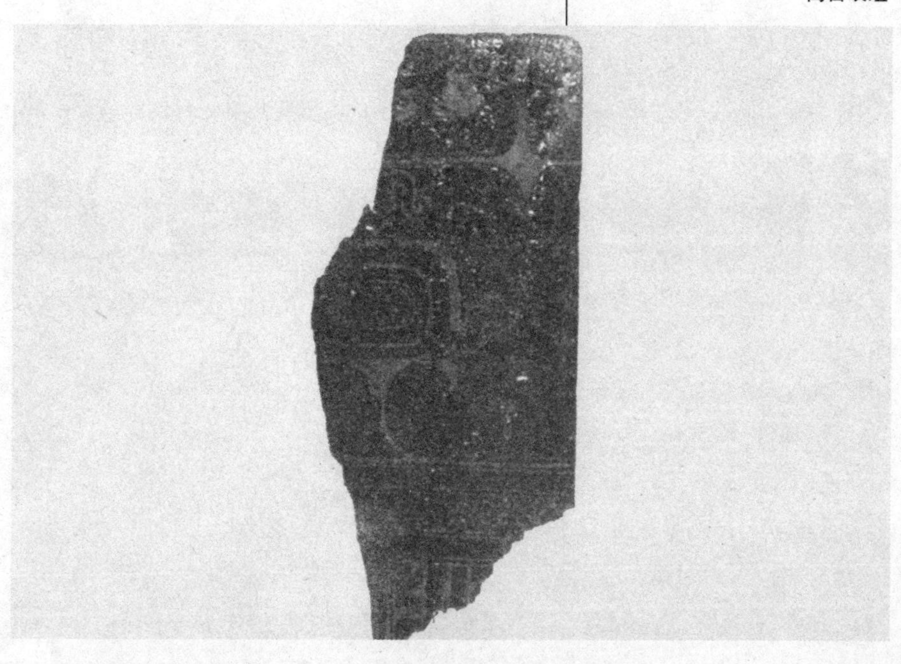

四边起棱，两端上翘，俎面下两端有四个卯孔，以榫卯安接四个曲尺形足。俎面髹红漆，余均髹黑漆，并用红漆描绘十二组三十四只瑞兽和八只珍禽。这些禽兽形态各异，如瑞兽有大小耳之别，又有枝杈状角和无角之分，还有匍匐与弓背之状，图案十分优美。

又如窍曲纹簋，通高12厘米，木胎，挖制为主，辅以斫制。由盖与器身组成，簋身为敛口，鼓腹，圆底，圆圈足外侈较甚，肩上有两个对称的牛形耳。器内髹红漆，器表髹黑漆，并用红、黄漆绘水波纹、窃曲纹、变形窃曲纹、三角纹、波纹、波浪条纹和勾纹等图案。

战国时期，也就是公元前475年至公元前221年，是我国封建社会初期。在这一时期里，漆器制作工艺成为当时的一个独立的手工业部门，漆器的品种、数量、制作工艺、用途等方面都远远超过前代。这是漆器工艺的发展期。这一时期的髹漆工艺品有各种漆木家具、饮食器、妆奁器、室内陈设品、礼器等。这一时期的漆器出土数量多，门类全，色彩华丽，说明漆器工艺取得到了巨大发展，已应用到社会生活的各个方面了。

如龙纹盖豆，通高28.3厘米，口长

战国漆器

云纹和几何图案为漆盒平添几分典雅

12.6厘米，宽17.3厘米。木胎，雕制。分盖、身两部，盖与器身的盘耳柄座分别雕成。盖顶中心浮雕两条盘绕的龙，周边饰变形云纹，两端各有五组浮雕的龙首或龙身纹样，方耳的五面也浮雕龙纹。器身的盘为椭圆形，两侧附加浮雕方形大耳，柄为圆形。盘内与盖内髹红漆，其余髹黑漆，并用红、金色绘花纹。盘外侧上部施云雷纹，下部在网纹上施蟠螭纹，柄与座施蛮形云纹。

又如几何纹漆衣陶鼎，口径19.7厘米，通高12厘米。陶胎，轮制，辅以模制。口微敛，子母口上承盖，腹圆鼓，腹外有对称的两个方形附耳，平底，三蹄足较高。通体髹黑漆，并以朱红色绘几何纹样。

又如云纹几，长60.8厘米，宽21.3厘米，高1.3厘米。木胎，斫制，由面板与两块竖立的立板以榫卯相接而成。中部向内凸出并凿有榫槽以嵌面板，榫槽当中还有一榫眼以容纳面板的榫头，结合十分牢固。通体髹黑漆，并用红漆绘云纹、几何云纹等纹样。在面板的边缘及当中还画一条粗红道。

战国漆器

东周漆器的胎骨可分木胎、夹纻胎和竹篾胎三种，以木胎占绝大多数。战国中期以前多厚木胎，其后增加了较为轻巧的薄板胎。此外，还发现在陶器、铜器以及个别石器上用彩漆描绘纹饰的。

漆器大多有鲜艳的彩绘。所见图案纹样有以下几类：一，各种几何纹和几何勾连纹；二，模拟青铜器的花纹；三，云纹及变形云纹；四，动物纹和植物纹；五，有关舞乐、狩猎、弋射等题材的生活画和故事画；六，天文图像。

绘画的技法是单线勾勒和平涂。绘画工具主要为毛笔。

漆器的颜色有红、黑、白、蓝、褐、黄、绿、金、银等十多种。涂料时，深色用漆，称“漆绘”；浅色用油，称“油彩”。油

战国漆器

料的成分为桐油。

漆器的镶嵌技术在东周也取得了很大的发展。镶嵌材料除传统的蚌片外，大多使用铜、金、银嵌件。如山东沂水春秋墓中曾出土一件镶嵌金贝和压花金箔的漆勺。战国漆器上贴金箔的物件屡有发现，金箔被剪成各种图案，有的用针刺出花纹。

漆器镶嵌技术的另一重要发展，是在薄板卷木胎或夹纻胎器物上加银箍或铜箍。这种漆器始见于战国中晚期，有的铜箍上还有金银错花纹。金属箍的作用除了加固漆器外，还能把漆器装饰得富丽堂皇。这代表了战国时期漆器镶嵌和金银钿工的所取得的成就。

此外，春秋以后的漆器上还增加了铜铺首、合页、盖钮等金属附件，起着加固和装饰作用。

当时，官府漆工作坊在战国漆器生产中占有很大比重，大致有两类：一类是由各诸侯国政府直接经管、控制的作坊；另一类是地方性的官府管理的漆器手工业，如成都、成阳等地官府所辖的作坊。

（二）秦代漆器

秦代漆器出土二十多种，主要有生活用具、文书工具和丧葬用具等。秦国

金風玉露化
黄山松雲
流水高山素心以

彩绘兽首凤形漆勺

设有国家经管的漆园，作为官府漆工作坊的原料基地。出土的秦代兵器、车马器、家具和专供丧葬用的镇墓兽等明器极为少见，各种雕刻动物形象的漆器剧减，生活用具却明显地增多了。如有“廿九年”针刻铭文的漆樽和秦凤纹彩漆双耳长盒。

秦代漆器也与当时的青铜器和陶器一样，有自己的特点。如彩绘兽首凤形勺，造形很奇特，楚文化色彩非常浓厚。通高13.2厘米，木胎，雕制。造型新颖别致，以凤凰的头和颈作勺把，将凤凰的后背挖制成勺。勺内髹红漆，其余髹黑漆，并在黑漆地上用红、褐漆绘出凤凰的眼、鼻、

云梦睡虎地出土的秦代彩绘凤鱼纹漆盂

耳及羽毛纹等。

关于秦代漆器，过去所知甚少。1975年湖北云梦睡虎地墓葬发掘后，才使人们有了新的认识。在第11号墓中，发现漆器近四十件。在同时发掘的另十一座墓中又发现一百四十多件漆器，不仅数量多，制作也很精美。描漆圆盒、双耳长盒都是这两批漆器中保存得较好的。有一具漆盂，

云梦睡虎地出土的秦代彩绘牛马鸟纹漆扁壶

朱漆绘双鱼，立鸟似凤，头顶有竿承物，好像在要杂技。

（三）汉代漆器

秦代推行暴政，很快被农民起义推翻了。代之而起的西汉为了巩固统治，实行了休养生息的政策，人民能够安定地从事劳动，经济得到了高度的发展。在此基础

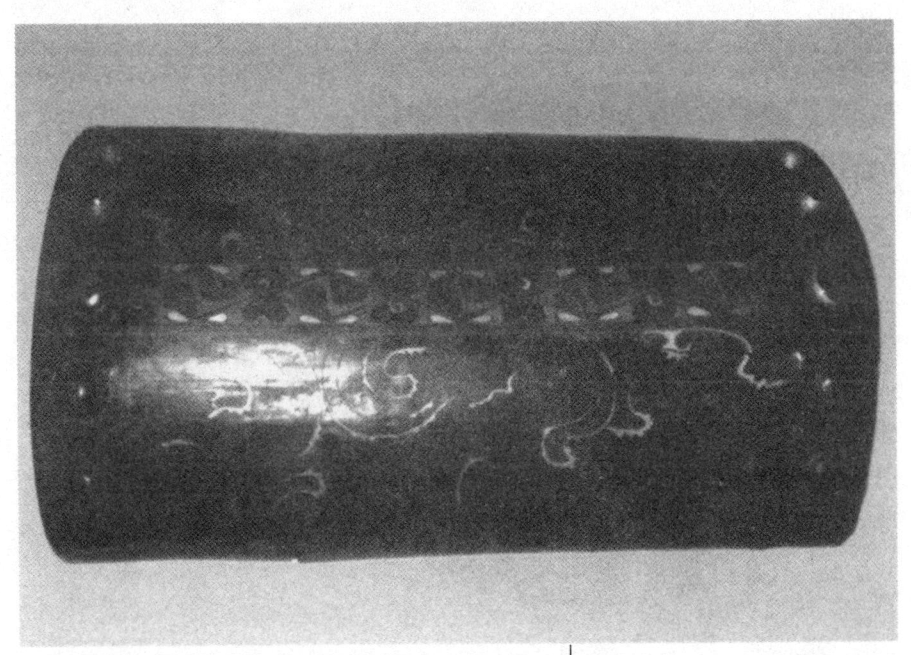

汉代漆器木枕

上，轻巧方便、华丽美观的漆器开始大量生产，进一步取代了青铜器。汉代漆器的使用范围越来越大，工艺越来越复杂，在战国漆器的基础上向前迈了一大步。汉代的漆器有鼎、壶、钫、樽、盂、卮、杯、盘等饮食器皿，奁、盒等化妆用具，几、案、屏风等家具，种类极多。

汉代漆器增加了大件物品，如漆鼎，还有漆壶、漆钫等，并出现了代替青铜器的漆礼器。钫是古代青铜容器，方口大腹，用以盛酒或粮食。汉代在青铜钫上施漆，制成漆钫，十分华丽。

汉墓出土的漆棺、漆碗、漆奁、漆盘、漆案、漆耳杯等均为木胎，大部为红里黑

汉代漆器

外，并在黑漆上绘上红色或赭色花纹，如彩绘银扣漆奁，高 17.1 厘米，口径 21.5 厘米。器盖表黑漆，顶有银四叶柿蒂、两道银扣和两道银嵌，盖壁和器身外部各有三道银扣，盒底部有两道银嵌。银扣间用朱漆绘云气纹、羽人、凤凰、虎豹、小鸟、几何纹等。顶内和底中部均绘鸟头纹。奁内有四件子盒，均为夹纻胎，有银扣和纹饰。

汉代漆器的造型比战国更为丰富，能从实用出发，如漆奁、漆盘、漆案的容积更加合理，图案纹饰多样化，装饰花纹进一步形象化和抽象化，富有动感。汉代漆器制作精巧，色彩鲜艳，花纹优美，装饰

马王堆出土的漆锦盒

精致，是实用和美观相结合的典范，极为珍贵。如长沙马王堆一号汉墓出土的漆耳杯套盒最为人们所称道。漆耳杯套盒套合严密，充分利用了盒体内的有效空间，既实用又美观。通高 12.2 厘米，口径 19 厘米，木胎，椭圆形，盖和器身以子母口扣合。器内和盖内髹红漆，器身和器盖外部均髹黑褐色漆，其上以红漆和黑漆绘云纹、漩

彩绘漆鱼纹耳

涡纹和几何纹样。上下口沿均红漆书“轪侯家”三字。盒内盛装小耳杯七件，六件顺叠，一件反扣。反扣杯为重沿，两耳断面三角形，恰与六件顺叠耳杯扣合严密，设计新颖，制作精巧。耳杯是酒具，是曲水流觞时饮酒所使用的器具，耳杯的两耳便于漂于水面。

又如彩绘漆鱼纹耳杯，木胎，胎质又薄又轻。杯口椭圆形，深腹弧壁，平底，矮圈足，新月形耳，耳面上翘。杯外髹黑漆，内髹红漆，内底用黑漆勾绘小鱼一尾，构图简练。此耳杯装饰纹样简洁写实，是西汉漆器装饰纹样的新特点。西汉漆器纹样的总体风格趋于写实，主题内容由抽象

汉代漆七子妆盒

向具象发展。具象的鸟纹、鱼纹等写实性极强的动物纹样上升为主导地位，作为主题纹饰，很少使用辅助纹样，多在红漆地上直接用墨彩勾绘。西汉中期的漆器纹饰较早期更加简洁明快，美观大方，反映了西汉鼎盛时期的文化风貌。

东汉时期，漆器崇尚古朴简约之风，装饰图案朴素沉稳，以其大气磅礴的红黑色调，耐潮、耐高温、耐腐蚀等实用特性，光彩照人又不失古韵的特殊色泽受到人们普遍的喜爱与推崇。

汉代漆器的胎质及制法主要有木胎和夹纻胎两种，也有少数为竹胎。木胎的制法有轮旋、割削和剜凿、卷制三种，不同

汉代漆器

器形分别采用不同的方法。夹纻胎是先用木头或泥土制成器型，作为内模，然后用多层麻布或缯帛附于内模上，逐层涂漆，干实以后，去掉内模，便剩下麻布或缯帛的夹胎，即所谓“脱胎法”。

西汉中期以后，流行在盘、樽、盒、奁等器物的口沿上镶镀金或镀银的铜箍，在杯的双耳上镶镀金的铜壳。有些漆器如樽、奁和盒的盖上常附有镀金的铜饰，有时还镶嵌水晶或玻璃珠。

西汉以后的漆器，只有在扬州一带东汉早期墓中出土的比较精美，此后出土的漆器不仅数量大减，质量也下降了，而陶器逐渐在殉葬物中占了主要地位。这是因为汉代以后陶瓷兴起，漆器手工业渐趋衰

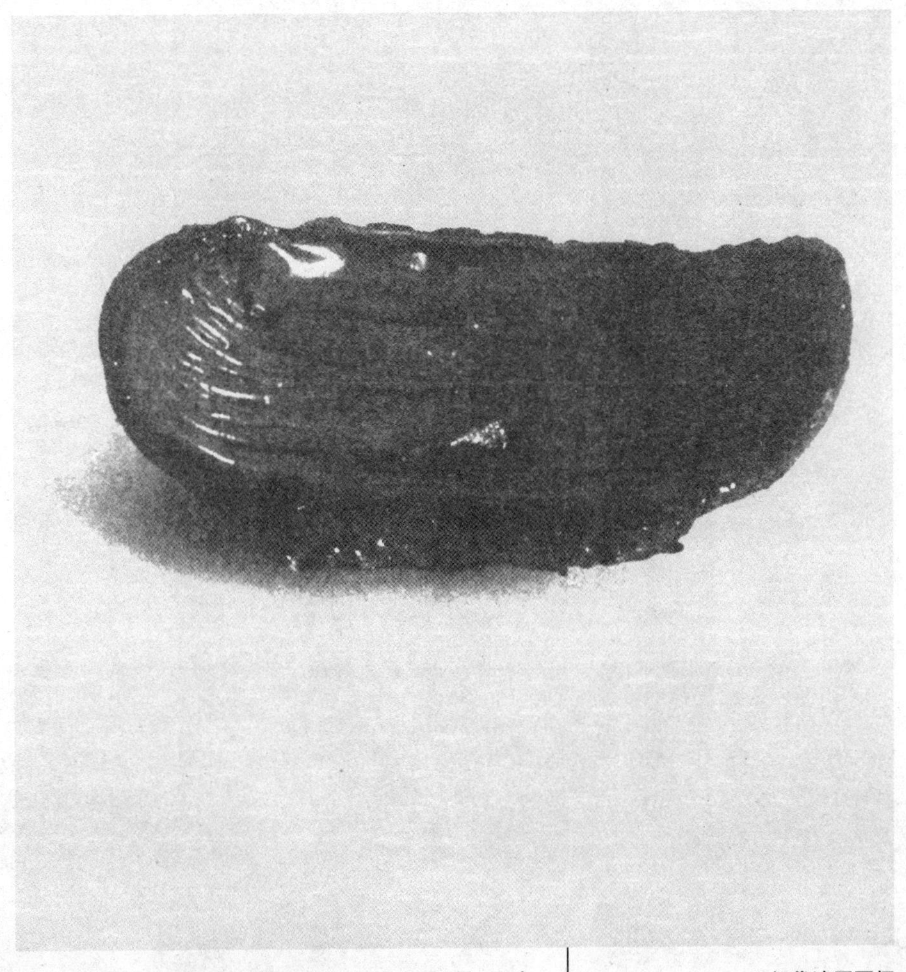

汉代漆画耳杯

微。东汉中期，漆器首推安徽省寿县马家古堆出土的夹纻砚，形制虽不精美，却是后来流行的漆沙砚的源头。漆沙砚一般以木材为胎，裹上麻布及丝织品，在麻布、丝织品上涂上一层漆灰，经晾干打磨后，再用配以金刚砂的生漆制成砚面，可与石砚媲美。漆沙砚胎质轻，耐磨耐用，又可以用木雕和漆艺进行装饰。

（四）魏晋南北朝漆器

这一时期的漆器，由于三国以来南方孙吴地区青瓷生产日益发展，一部分生活用器已为青瓷所替代。但青瓷产品比不上漆器制品精美轻巧，也不能完全满足皇室、士族奢侈生活的需求，因此，漆器还是受到人们的青睐。如黑漆木屐，通体髹漆，长 26.5 厘米，宽 10.8 厘米，高 12 厘米。屐面由薄木片弯压而成，底与屐跟是斫制的，前跟宽而稍矮，后跟高出前跟约 1 厘米。两跟底各钉一横木，借以保持耐用和平衡。

黑漆木屐

又如彩绘鸟兽鱼纹漆槅，是分格的盛水果的方盘，长 21.4 厘米，宽 16.3 厘米，高 4.8 厘米。木胎，长方形。槅侧绘草纹和放鹰图。槅内共分七格，两排，朱漆地，上排三格，绘天鹿、双凤，神鱼；下排四格，绘有麒麟、飞廉、双鱼、白虎。槅是三国时期具有时代特征的一种新器形，始于三国而流行于两晋、南北朝，而南北朝时期的槅多为青瓷制品。

1997 年江西南昌市发掘六座晋墓，出土了一批漆器，使我们对两晋时期漆器有了清晰的印象。两晋漆器用彩丰富，绘画技巧精细，如彩绘宴乐图漆平盘，内底用朱色为底，以红、黑、灰绿、黄、橙等色

战国漆盒

彩绘人物、车马及鸟、龟、鹿等瑞兽，形成丰富的层次。

此盘口径 25.5 厘米，高 3.6 厘米。木胎，平沿，浅腹，大平底，口沿、外壁及底髹黑漆，饰以朱红弦纹、圆点纹。内壁朱红地，饰两道黄色连珠纹及圆点纹。内底在朱红地上以红、黄、黑、灰绿等色彩绘画人物、车马、瑞兽及钩线

清代金漆五福捧寿圆盘

纹等。图案以中间两组人物为中心，其中一组为一红衣长髯老者作迎接状，其后为一头系冠冕、身着华丽服饰、手摇羽扇的贵妇在侍女簇拥下出迎贵客，一侍女在前引路，一侍女手撑华盖，一侍女跟从。另一组有绿衣老者，神态怡然，其左侧红衣老者手捧托盘，旁边侍女侧立。在图案的上方还有一少年公子驾着车马带领一名侍从出巡游乐，图案下方为四名手捧托盘相对而立的侍从及一孩童。图案的周边及中间饰有垂幢、鹿、龟、瑞鸟、钟鼎等。整个图案绘有人物二十人。描绘手法采用黑色勾线铁线描，再平涂渲染，设色浓淡有致，人物面部丰满，

元代填彩漆双龙纹长方委角盒

表情生动自然，刻画栩栩如生，表现了一幅太平景象。

在这一时期，器物造型有了新品种，出土的扇形漆攒盒是这一时期流行起来的一种漆器。攒盒系多格，可拼合或作单体使用，有的呈扇形，有的呈四分之一椭圆形。该盒盖面四边起棱角，平突成小扇面。内施红漆，外髹黑漆。以红、赤绿彩绘纹。此器物造型小巧精致，纹饰随意自如，色彩绚丽华美。

南北朝时期是古代漆器生产的一个过渡期，日常生活用具得以大量生产。南北朝时期漆器生产是由汉代以后由盛而衰，以及进入隋唐以前由衰而盛的过渡期。

唐代四鸾衔绶纹金银平脱镜

（五）隋唐漆器

隋唐手工业有了长足的发展，纺织品、陶瓷器、金银器等新品种千姿百态，不断涌现。漆器要与当时流行的金银器、陶瓷器媲美，不仅在造型上需要不断加以丰富，同时在质量上必须进一步完善，由此出现了漆器制作工艺的革新。

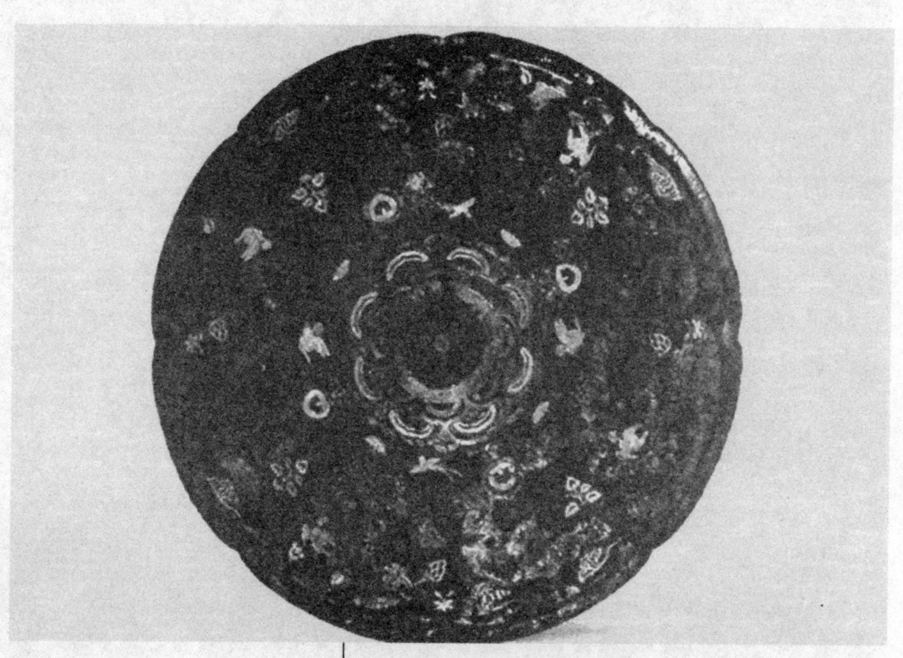

唐代金银平脱漆背铜镜

唐代最为有名的漆器要数夹纻佛像和古琴了。

唐天宝二年，扬州大云寺鉴真和尚东渡日本传授佛法，夹纻造像之法也由此传入日本。鉴真和尚之像即夹纻胎漆器，被日本人视为国宝。此像是鉴真死后，由随往日本的中国弟子和日本弟子共同堆塑的。

过去，漆器中的圆器用车旋法或用屈木片黏合，往往容易开裂。隋唐改用长而窄的木片条圈叠成形，然后髹饰成器。选材严格，技艺精湛，既省工又提高了质量。唐代漆器工艺完全跟上了手工业发展的脉搏，如九霄环佩琴，桐木所斫，通长

123.5 厘米有效弦长 115.5 厘米，肩宽 21 厘米，尾宽 15 厘米，最厚处 56 厘米，底厚 1.1 厘米。琴面浑厚呈半椭圆形，项、腰作圆楞。原漆为黑色，露朱漆地。通体有牛毛断纹。

唐代素面漆器上出现了朱书文字，其中有些可能是作者的姓氏或名字，这类资料正是商品化经营的标志。

唐代金银平脱与嵌螺钿漆器堪称一绝。平脱工艺早已有之，唐代工艺水平极为高超。

唐代嵌螺钿漆器用厚螺钿切割组拼主体纹样，如花卉、人物，然后在每块螺钿片上施以毛雕，刀工十分熟练，技巧十分

古朴沉稳的漆器

精湛，如嵌螺钿云龙纹漆背镜，直径22厘米，边厚0.6厘米。圆形，无钮座，高平缘。镜背漆地上以螺钿镶嵌一龙飞腾盘绕于云气中，三爪，体态丰满，绕钮首尾相接，口对钮珠，曲颈，尾缠后肢，两前肢伸登有力，后肢一曲一伸，姿态生动活泼。嵌填彩贝闪闪发光，是唐代漆器中之瑰宝。

五代十国虽然在政治方面处于复杂的割据局面下，但毕竟也有休养生息的间歇，所以江南各地手工业还在持续发展。同时，由于当时统治者奢侈成风，官办手工业与民间手工业都有好的漆器作品问世。如江苏省苏州市出土的螺钿

唐代羽人飞凤花鸟纹金银平脱漆背铜镜

漆碗

花鸟纹经函，堪称五代时期的漆器代表作。不过，从总体上看，这种工艺比盛唐时期还是稍为逊色。

五代民间手工业中，漆器生产相当发达。从出土的一批素面漆器中可以看出五代漆器的基本特征和风格：素面漆器多数是外黑内朱，用朱不艳，颜色较沉，用漆较厚。

（六）宋代漆器

宋代漆器百花齐放，推陈出新，大放异彩。宋代漆器制作遍布全国，如浙江的温州、杭州、湖州、四明（宁波），江苏的苏州、常州、江宁，安徽的歙县，

湖南的潭州（长沙），陕西的金州，以及湖北的襄州等地均有漆器生产。宋代漆器多为日常生活用品，尽管当时陶瓷业相当发达，但这并不能完全改变人们使用漆器的爱好。在这一时期，漆器为了占有市场，制作上精益求精，完善了唐代以来的圈叠胎。

同时，汴京和杭州城里都开设温州漆铺，漆铺里有专门修理漆器的人，称为“使漆修旧人”。无锡博物馆收藏的漆器中有一件铭文为“当南子修”的漆盒，底部漆层脱落，露出一块带有墨迹的旧纸，原来是修理时糊上去的纸衣。这说明宋代素色漆器在日常生活中应用相当广泛，即使坏了，修补后仍可继续使用。

宋代漆器工艺的一个突出成就是雕漆的兴起。宋代雕漆漆器是迄今所见到的最早的雕漆作品。历代雕漆著述颇多，均极推崇宋代雕漆作品。雕漆的制作方法是在已做好的木胎或金银胎上层层髹漆，待达到一定厚度时，再按所需图案雕刻出花纹，其纹饰具有层次分明、主题突出的浮雕效果。

根据漆色之不同，雕漆分为剔红、剔黄、剔黑、剔彩、剔犀等若干品种。宋代雕漆只有剔黑、剔犀两个品种。

剔黑即用黑漆堆积，然后剔刻花纹，

彩绘漆云龙纹耳杯

圆漆盒

又称雕黑漆。剔黑分为纯黑剔黑、朱地剔黑、朱锦地剔黑、黄地剔黑、黄锦地剔黑、绿地剔黑、绿锦地剔黑等多种。目前在中国尚未发现宋代剔黑漆器，但日本文化厅收藏有宋代剔黑婴戏图盘。盘内外髹黑漆，盘内雕楼阁三重，刻画的是中秋夜色。

此盘是迄今发现的最早雕漆作品。此盘为圆形浅盘，盘内底部刻一庭院，建筑巍峨，院中地面遍铺锦地，池塘中鲤鱼游动，院中十个儿童正在游戏，姿态各不相同。盘边刻有一周缠枝花卉，密密匝匝。时值中秋，树枝间雕出一轮满月，月中有丹桂、玉兔。这件雕漆作品风格成熟，做工老练。作者用大面积的锦地表现场院，用满布天空的树枝和花果弥补天空的空白，让雕漆最大程度地展现了工艺特点。

宋代剔犀漆器当以南宋剔犀祥云圆盒为代表，此盒 1986 年于福州北郊茶园山

漆盘

剔红赏花图漆圆盒

出土，为南宋夫妻墓陪葬品，属国宝级文物，独一无二，距今已有近千年的历史了。

此盒口径15厘米，高5厘米，单层，木胎，有盖，平底。盖与身饰祥云纹，红漆，纯净光亮，内与底为黑漆。整器古色古香，人见人爱。

（七）元代漆器

宋代近三百年间，漆器制作长盛不

元代剔红栀子花纹盘

衰。元代继往开来，堪称中国漆器工艺史上的一个繁华时期。在宋代百花齐放的基础上，元代漆器锦上添花，日臻完善，盛极一时。

嵌螺钿漆器是元代诸多工艺中的独创之作。元代制作的螺钿漆器与唐代采用厚贝片的材料不同，而是采用具有青、黄、蓝、赤、白等五色的鲍贝。工匠用鲍贝裁切成不同大小的贝片，经研磨制成薄片的物像，并在细薄的钿片上再施毛雕，勾画出人物的衣着神态、树木的枝干、殿宇建筑的细部以及山头云气等，嵌在漆器上的图案层次丰富，色谱齐全，绚丽夺目，犹如工笔

元代剔犀云纹盘

画一般。

元代雕漆工艺可分为两类：一为剔犀；二为剔红。

剔犀如安徽省博物馆收藏的刻云头纹剔犀圆盒，通高9.5厘米，直径14.5厘米。国家一级文物。该盒为元代著名漆工张成所造。此盒堆漆肥厚，刀法浑朴，高度发挥出线条的艺术性能，较宋代墓葬出土的剔犀更具纯熟的技法。通体雕刻云头纹，花纹繁密，刀法圆润。用斜刀法进刀，剖面斜刻见底，深峻有力。斜刻面可见层层叠压的红、黑层次，多达七层。器物表面覆盖黑漆，光泽明亮，胶结紧密，虽历经几百年的岁月，却毫无干裂之缝。漆盒底部边缘有针刻的“张成”二字，证明此盒系元代漆器大师张成所造。这件剔犀漆盒在工艺上比剔红技艺有进一步的发展，是研究元代漆器的标准性器物。

剔红如上海青浦任氏墓群中出土的采菊东篱图圆盒，直径12厘米，高3.9厘米。此盒圆形，木胎，施朱漆。盖面正中雕一老者，头戴巾帽，右手曳杖，伫立于篱旁虬松下。身后随一侍童，手中捧菊。景物中突出人物的动态，以流畅的线条体现河面上一道道波浪。这种流水锦地的处理既增强了画面的层次感，又衬托出空阔的境

明代朱漆描金山水人物圆盒

漆木椅轻巧美观

明代彩漆戗金花卉纹圆盘

地，取得了很好的效果。此盒漆质坚实，雕工简洁浑厚，水波锦纹精巧别致，具有元代漆器的特征。

（八）明代漆器

明代漆器产量大，制作精，品种多，远远超过了前代。明代漆器工匠虽然受到定期轮流服役的拘束，但还有相对的自由空间尽情发挥其创造性。原来，明代官府允许若干工匠集资雇佣工人代替大家长期服役。参与集资的工匠可以制作漆器在市场上销售，自由竞争的结果导致明代漆器的质量和数量远远超过了前代。

明代剔彩龙凤纹大圆盒

明代洪武、永乐年间采取“抑富右贫”的政策，使无地的农民获得了一定的土地；政府主持兴修水利，灌溉农田；国家鼓励百姓大规模开垦荒地，不增收赋税。这样，农业产量大为提高，人民生活稳定下来，工商业得以发展，城市经济繁荣起来。在这样的历史环境中，明代漆器生产剧增，制作水平也大大提高了。朝廷重视漆器，设置了官制机构果园厂，专门负责制造漆器。这样，漆器在明代很快发展到十四类，有一色漆器、罩漆、描漆、描金、堆漆、填漆、雕填、螺钿、犀皮、

元代黑漆嵌螺钿云龙纹大案

剔红、剔犀、款彩、炝金、百宝嵌等，出现了很多精品。

描金中最常见的是黑漆描金，如北京故宫博物院收藏的万历龙纹药柜，通体髹黑漆，长方形双门作对开式，有腰串两根，采用格子门式样。门正面及柜两侧面饰描金开光，内描双龙戏珠纹，门里面及柜背面为松、竹、梅、蝶和茶花图案。柜内中

明代绿地剔红双龙纹圣寿万年盘

心有八方旋转式抽屉八十个，两旁各有长屉十个，每屉分为三格，最下层有三个大抽屉，总共可盛药一百四十种。每个抽屉的外面绘有泥金标签，有墨笔书写药名的字迹。柜上装有铜饰件，柜门的铜合叶为球状。药柜背面有泥金填刻楷书“大明万历年造”六字款。

雕填工艺自明代以来即广泛使用，指用彩色花纹装饰漆面，花纹之上还加炝金，可制出绚丽华美的漆器，如北京故宫博物院收藏的嘉靖龙纹方胜盒。

宫廷用具多用炝金工艺，明代鲁王墓中发现的盖顶云龙纹方箱是明初炝金的标准实例。此箱高 42 厘米，长 95 厘米，宽 42 厘米，填漆戗金。在漆面上刻雕花纹，花纹凹槽内填金，再打磨光润，豪华异常。这种工艺在明代最为流行。

百宝嵌是用各种珍贵材料如珊瑚、玛瑙、琥珀、玉石等做成嵌件，在漆器上镶成五光十色的凸起花纹图案，明代开始流行，如黑漆百宝嵌花蝶纹笔筒，高 15.2 厘米，口径 15.2 厘米。笔筒方形委角，四浅足。通体内外均髹黑漆，器壁四面用螺钿片、绿松石、象牙、碧玉、寿山石等嵌成梅花、海棠、萱草、桃花等折枝花卉及蝴蝶纹，有富贵长寿、宜男多子的寓意。此器材料精美，随类

明代剔犀云纹长方盒

附彩，生动雅致，是明代百宝嵌漆器中的精品。

（九）清代漆器

清代漆器在乾隆时期达到高峰，传世精品极多。皇帝的个人爱好造成了一时的风气，有助于当时漆器工艺的繁荣。清廷在养心殿设置造办处，承做范围极广。漆器归造办处中称为“漆木作”的衙门制造。凡内廷需制漆器，随时交付造办处。造办处绘图上呈皇帝，合意后才施工。造办处组织庞大，分工极细，漆木作之下又分旋作、漆作、雕作、刻字作，各专业的工匠都是从全国各地挑选的高手。

清代彩漆鸟形杯

清代竹编漆器描金画筒

清代漆器做工精美，江、浙、闽、粤等处的作品最为有名。苏州漆器有退光、明光、剔红、剔黑、彩漆多种，制作精美。扬州最负盛名的百宝嵌漆器创始于明代的周翥，用金、银、宝石、珍珠、珊瑚等珍贵材料在木质漆器上雕镂镶嵌，创作出栩栩如生的山水人物、飞鸟走兽等图案，极受欢迎。到了清代，百宝嵌漆器技艺得到

清代红雕漆人物圆盒

了进一步的发展。浙江嘉兴漆器以戗金银最负盛名。福建福州、漳州等地的脱胎漆器也颇受青睐。广东漆器的选料十分讲究，器物坚实耐用。

清代漆器精品极多，如沈氏黄漆佛手式花插，高18厘米。佛手形，下连底座。佛手为黄漆；座由枝叶组成，髹绿漆。此器造型新颖，仿自佛手。漆色纯正，小巧玲珑，为福建沈氏漆器杰作。

又如清黑漆嵌螺钿加金片婴戏图箱，长27.5厘米，宽27.5厘米，高28.4厘米。方形，两侧有镏金凤纹铜环，正面及顶为可抽插的门，内装大小抽屉五个。

除箱底外，其余各面及抽屉的外立墙均为黑漆地，上用薄螺钿及金、银片嵌成庭院婴戏图，共有幼童一百名，组成“百子图”。箱边及抽屉四边均用细壳沙组成边饰图案，画面上螺钿与金银光泽相互辉映，耀人眼目。画作精工，螺片剥离如纸，裁切精细，拼合巧妙，镶嵌得体。工艺之精，令人赞叹，为螺钿加金银片工艺辉煌时期的杰作。

又如黑漆嵌螺钿职贡图长方盒，长43.8厘米，宽30厘米，高6.5厘米，长方形，天盖地式，黑漆地嵌薄螺钿描金。盖面嵌职贡图，三孔桥上出现的贡使有牵骆驼的，

清代黑漆嵌银丝印泥盒

清代紫砂黑漆描金菊花壶

有肩扛贡物的，有驱象的，有牵狮子的，络绎不绝，至殿前跪拜。天空流云舒卷，三龙隐现云中。此盒制作精巧，色彩绚丽，是清代嵌薄螺钿器物的珍品。

又如紫砂黑漆描金菊花壶，高9厘米，口径8厘米，足径7.5厘米。直口唇边，扁圆腹，短弯流，环形柄，圈足，盖上饰宝珠钮。紫砂为胎，外髹黑漆，上绘金彩大朵菊花，花叶红绿相间，一只蝴蝶飞舞花丛中。壶底有金彩“大清乾隆年制”六字篆书款。此壶底漆乌黑莹亮，将金彩图案衬托得十分华丽。图案微凸，略高漆地，富于立体感，展示了精美绝伦的艺术特色。

四　古代著名漆器

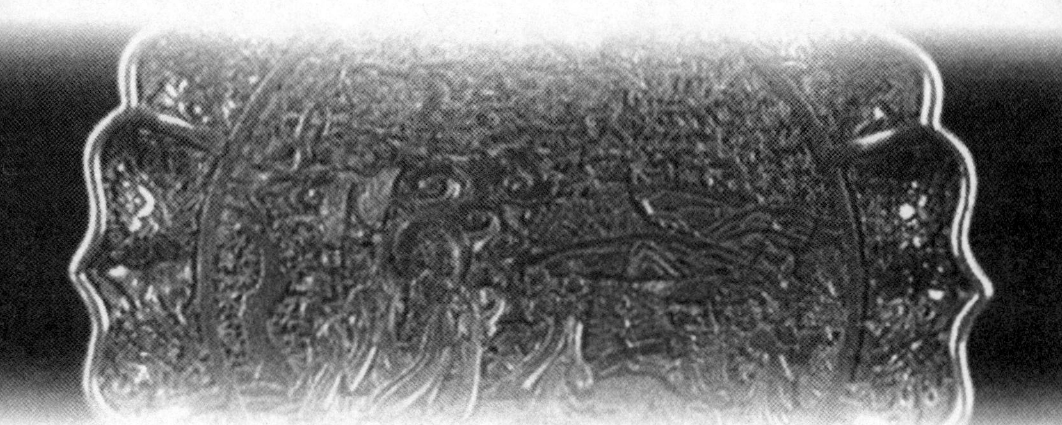

对凤纹漆耳杯，春秋时期楚国漆器。从商代开始，凤鸟被当做四季和风的化身，一直受到崇拜。此杯把凤鸟作为耳杯的装饰纹样，比较少见。此杯底部饰满两只凤鸟，首和尾均上扬，身体弯曲，作跨步状。图案华丽，线条流畅，柔美之中洋溢着力量，堪称漆器中的精品。

波纹豆，春秋漆器。口径 13.8 厘米，高 14.5 厘米。木胎，挖制，辅以斫制。口微敛，浅盘，短束柄，喇叭形座。豆盘内髹红漆，其余均髹黑漆，并用红、黄漆彩绘点纹、三角纹、勾纹、变形窃曲纹、卷云纹、波纹等纹样。

虺纹俎，春秋漆器。长 34.7 厘米，

龙凤纹漆耳杯

波纹豆

宽 20 厘米，高 10.9 厘米。木胎，斫制。此器由面板与四足构成，面板呈长方形，四边微上翘。面板下安有四个曲字形足，短边下的两足之间有横板连接，用以加固。面板髹红漆，素面；四足髹黑漆，用红漆绘虺纹和卷云纹等纹样。

龙凤纹盖豆，战国漆器，通高 24.3 厘米，口长 20.8 厘米，宽 18 厘米。木胎，雕制。分盖、身两部，盖与器身的盘耳柄座又分别雕成。盖顶中心浮雕三条盘绕的龙，由里向外的第一圈和三圈阴刻云纹，第二圈在网纹中阴刻云纹，网纹上绘勾连纹。在方耳内外侧、顶面及两旁，五面均浮雕形态各异的龙纹。柄为圆形，座大底

战国漆马蹄盒

平。盘内与盖内髹红漆，其余均髹黑漆，并用红、金色绘花纹。座上绘菱形纹、三角形纹和变形凤纹。

几何纹双耳筒杯，战国漆器。口长11.7厘米，宽10.1厘米，通高16.2厘米。木胎，挖制，辅以斫制。口作椭圆形，身作筒形，两侧竖着伸出两扁耳，耳成圆弧状上翘，与口平齐，贴近杯身，耳的上下均有两个穿透的扁孔。通体髹黑漆，口沿内饰一圈红漆，表面用红漆绘几何纹饰。

彩绘鸳鸯漆盒，战国漆器。1978年于湖北随县曾侯乙墓出土，现藏于湖北博物馆。高16.3厘米，长20.4厘米。木胎，作鸳鸯形，呈卧伏状。颈下一圆柱形榫头，插入器身，可转动。身躯雕孔，背上有一长方孔，置盖，盖面有浮雕夔龙。通体施黑漆地，以朱绘鳞纹，间以黄漆圆点，腹部左右侧均绘图像。此盒为曾侯乙墓出土的两百多件漆器的代表作。

蟠虺纹漆衣陶钫，战国漆器。口长9.5厘米，通高43厘米。陶胎，模制。方直口，细颈，鼓腹，平底，圈足。器表髹黑漆，颈、腹部用红漆勾勒蟠虺纹边线，中间填饰小红点纹。

绹纹笙，战国漆器。通高20.8厘米。匏、竹胎，雕制，辅以锯制。形似现代葫芦笙，由斗、笙管、簧组成。斗为匏质，锯开上端作吹口，掏去内瓤，在腹部雕孔以插入笙管。笙管为竹质，上端开有音窗，中部有指孔，下端开嵌簧片孔。斗、笙管通体髹黑漆，并用红、黄彩绘绹纹、三角雷纹。

绹纹排箫，战国漆器。最长管22.5厘米，总宽度11.17厘米。竹胎，由十三根不同长短的箫管依次排列，以三个竹夹缠缚而成。箫管吹口在上，整器呈单翼片状。箫管以黑漆为地，用红漆彩绘三角雷纹。一至六根饰有绹纹。三根竹夹以黑漆为地，用红漆绘饰纹。

战国漆器

虎座凤鸟漆木架鼓

虎座凤鸟漆木架鼓，战国漆器。长156厘米，高150厘米，2000年于湖北江陵天星观2号墓出土，现藏于荆州博物馆。

虎座凤鸟漆木架鼓属于悬鼓，以两卧虎为鼓座，两凤鸟为鼓架，将鼓挂于两凤之间，悬空敲击演奏。此种以虎为座、凤鸟为架的悬鼓是楚国特有的乐器，只有楚国王室及高级贵族才能享有。凤鸟昂首屹立，仰天长啸，似在为鼓声助威。作为百兽之王的猛虎伏卧于凤鸟脚下，突出了凤鸣九天的威严。这种悬鼓广泛用于祭祀、宴飨和战争，造型别致，设计巧妙，表现出楚人绝妙的想象力和高超的艺术造诣。

此器属国家一级文物，为荆州博物馆镇馆之宝。

二十八宿匫，战国漆器。长 71 厘米，宽 47 厘米，高 40.5 厘米。木胎挖制，辅以斫制。由盖、器身组成，器身与盖的四角均伸出短把手。器内髹红漆，器表髹黑漆。盖面正中朱画篆文“斗”字，按顺时针方向用红漆书写二十八宿之名称。盖顶两端分别绘青龙、白虎。

这件衣箱是我国迄今发现记有二十八宿并与北斗、四象相配的最早的天文实物资料，说明我国至少在战国早期已形成二十八宿体系。二十八宿体系源于中国，此匫为物证。

三足漆樽，西汉漆器。高 12.5 厘米，直径 22 厘米。木胎，圆唇口，直腹，平底，下置三兽面蹄足。器内髹朱漆，外髹酱褐色底漆。朱绘回转翻旋的云气纹，动感很强。

西汉黑漆二十五弦瑟，西汉漆器。长沙马王堆汉墓陪葬品，1972 年于湖南长沙马王堆 1 号墓出土，现藏于湖南省博物馆。此瑟长 116 厘米，宽 39.5 厘米，中部高 10.8 厘米。木质，长方形，瑟面成拱形，中空，下嵌有 1 厘米厚的底板。首尾髹黑漆，其余光素。底板两端有首越和尾越。首岳一条，右边有二十五个弦孔；尾部有

西汉漆器

西汉彩绘漆云龙纹耳杯

内、中、外三条尾岳，内外岳左边各有九个弦孔，中尾岳左边有七个弦孔。尾端有四个系弦的木钠，钠端为银制，饰涡纹。弦由四股素丝左旋搓成，中岳上的弦较粗，直径由1.9毫米递减至1.2毫米；内岳和外岳上的弦较细，直径由1.2毫米递减至0.5毫米。每条弦下有拱形木柱，系弦时先在弦头打蝴蝶结，弦尾从首越内穿入弦孔，引过瑟面，张在首尾岳之间，再穿过尾岳弦孔，进入瑟体内部，再左折经过弦槽，过尾端瑟壁而上，又向右折勒紧，顺瑟面分别系在四个弦钠上。此瑟按五音调弦，是中国出土数十件古瑟当中保存最为完整的一件。

黑漆朱绘凭几

褐漆虎子，西汉漆器。1974年于江苏省扬州市出土，现藏于扬州市博物馆。通高19厘米，长30厘米，宽11厘米。整木雕成，呈卧伏状，昂首，双目圆睁，张口露齿，器口与虎口合一，腹空，虎尾上翘前折，与虎头连接形成把手，通体髹深褐色漆。

黑漆凭几，三国时期吴国漆器。弦长69.5厘米，宽12.9厘米，高26厘米。木胎，扁平圆弧形几面，下有三个蹄形足。通体髹黑漆，色泽光亮。漆凭几为三国时期漆器新品种，始于三国后期，流行于两晋至南北朝。

缠枝莲纹螺钿黑漆洗

彩绘出巡图奁，东晋漆器。直径25厘米，高13厘米。圆形，直壁，内壁髹红漆，外壁上下髹朱红漆。上部呈帷幔状；下部缀朱红连珠纹一周；中部黑漆地，有车马人物，以红、赭、金三色勾勒点染。人物形态各异，体态丰腴。此奁层次丰富，立体感强。画面分三组，共绘有二车二马十七人。每组车马人物的绘制风格基本相同。奁上彩画笔法流畅，富于变化。

彩绘人物故事图漆屏风（部分），北魏漆器。高80厘米，宽20厘米。屏风两面均有漆画，一面色彩鲜艳，另一面色彩暗淡。每面漆画均分上下四层，每层高19厘米至20厘米，均有榜题与题记。榜题和题记是在朱漆上髹黄，然后墨书。漆画内容采自汉代刘向所作《列女传》等。漆画中人物线条用黑色，除肌肤涂铅白外，服饰器具用黄、白、青绿、橙红、灰蓝等色，着色或浓或淡。漆画采用色彩渲染及铁线描技法。画中人物栩栩如生，其服饰男为褒衣博带，女为宽袖长裙。

秘色瓷平脱漆碗，南北朝漆器。此碗以秘色瓷为胎，碗内露秘瓷，外髹黑漆，嵌平脱镂银鎦金花鸟纹团花五朵，花间附饰疏枝繁叶。此碗填补了平脱漆工艺中以瓷为胎的空白。

明代漆盒

漆木匣

犀皮纹漆盘，南朝漆器。口径12.7厘米，高1.7厘米，底径11.1厘米。此盘口部用银棱镶包，壁斜而直，大平底，盘内底有一圈凸棱，将内底分成内外两圈。盘内及外侧整壁均有犀皮状纹饰。

金银平脱天马鸾凤漆背镜，唐代漆器。直径30厘米，厚1.2厘米。镜背以金银平脱工艺装饰，其纹饰以镜钮为中心展开：钮座为八出连枝花瓣；座外的缠枝花草中天马腾跃，鸾凤飞舞，同向追逐；空隙中补充一对正在飞翔的小凤、麻雀和小天鹅；镜缘饰一周连枝牡丹花瓣，与钮座纹饰相呼应。纹饰主体以银片刻制，而每朵花的蕊部，凤的喙、冠、翅尾边缘，天马的鬃、尾、蹄均为金质。银中镶金，色彩对比鲜明。天马和鸾凤形象逼真，富于动感。凤羽、马鬃刻画细致，显示了唐代金银平脱工艺的极高水平。此镜形体大，装饰图案生动饱满，堪称唐代漆器的代表作。

人物花鸟纹漆背镜，唐代漆器。圆形，无钮座，高平缘。镜背镶嵌厚螺钿片纹饰，上方为一株花繁叶茂的大树，树梢头悬一轮明月，几只鸟雀跳跃于枝头。树下蹲坐一犬，两侧各饰一振翅翘尾之鹦鹉。两位老人对坐树前，中间置有酒壶和酒樽。左面老人正在弹琴；右面老人举杯欲饮，其背后有一侍女侍立。下方有仙鹤、鸳鸯戏水，空白处缀以落花草石。每块贝片上均施毛雕，技艺极为精湛，是唐代漆器中的珍品。

堆漆佛座背光，北宋漆器。高 4.2 厘米，宽 21.6 厘米。樟木为胎，通体涂漆。边缘镂雕火焰，上部及左右用浮雕、镂刻相结合，雕刻出七朵花瓣向上突起卷曲的大秋菊，宛如火焰。朱红色漆灰厚达 11.5 厘米，上涂褐黑色漆，间以贴金，晶莹光润。背光是佛像头部后面的光圈。

万寿常住漆碗，北宋漆器。口径 15.8 厘米，高 10 厘米。木胎，六瓣莲花形。

清代漆剔红三层盒

剔红花卉纹尊

碗内髹朱漆，外髹黑漆。在四片莲瓣上朱书“万寿常住”四字，另有小字“戊戌”款。“戊戌”为年款，为宋真宗成平元年(998年)，这一年正是戊戌年。此碗是祝寿碗，工艺优异，典雅厚重。

剔红观瀑图八方盘，元代漆器。八边形，内壁八方开光，分雕三种锦纹地，以示天、地、水不同空间。天锦用折转回头的单线，类似窄长的回纹，犹如天空飘浮着薄云；地锦用斜方格或方格内刻多瓣形小花，如繁花铺地；水锦用流畅的曲线，似波涛起伏。锦地上雕有殿阁，阁旁苍松挺立，一老人身临曲槛，眺望山前瀑布，身后与阁内各有侍者一人。盘口边刻花朵图案。盘底髹黑漆，足内有刀刻填金“大明宣德年制”六字款，足边左侧有“杨茂造”针书细款。杨茂为元代漆器大师。此盘雕刻细腻，刀法圆熟，磨制光滑，为元代雕漆精品。

剔红花卉纹尊，元代漆器。黄漆地，上压朱漆花纹。器内及底髹黑漆。口、腹及口内雕花卉纹三匝，由盛开的茶花、栀子、菊花、桃花等组成图案，花间点缀花蕾，含苞欲放。枝繁叶茂，充满活力。用漆不厚，刀法圆熟细腻。花纹边缘抛光平滑，不露雕刻痕迹，清新典雅。

器底左侧近足处有针刻行书“杨茂造”三字名款，笔力遒劲。杨茂擅髹漆，尤以剔红漆器最为有名。其作品存世极少，此尊弥足珍贵。

雕漆云纹盘，元代漆器。高 3.3 厘米，口径 19.2 厘米。木胎，黑漆，内外均雕云纹。堆漆厚，晶莹照人，刻工圆润，技巧精湛。此盘为元代雕漆大师张成所制，被一致认为雕漆珍品。此盘为故宫漆器的代表作品，为研究元代雕漆工艺提供了可靠而精美的实例。

雕漆紫砂壶，明代漆器。方形，有柄及流，以紫砂为胎，外髹朱漆，盖雕杂宝，纽雕莲瓣，柄与流雕云鹤纹。壶腹部四面

明永乐时期剔红菊花纹圆盘

开光，两面雕山水人物，两面雕乐器，洋溢着一片富贵豪迈之气。此壶为紫砂大师时大彬的杰作，以紫砂壶为胎，披上火红的雕漆外衣，耗时长久，工艺繁复，一把壶要刷一百二十到一百五十道漆。由于刷完一道漆后要等晾干后再刷第二道，而多数情况下一天只能刷一道，一把壶刷到足够的厚度要耗时四个月之久。这样难得的艺术品，因为太奢华，只有历代帝王才能拥有。

剔红梅花笔筒，明代漆器。高 14.4 厘米，口径 11.4 厘米。圆形，底有月牙形三足。筒身雕朱漆水纹锦地，其上雕梅花两株。筒内及底髹黑漆。笔筒图案繁简

清代剔红人物四方尊式瓶

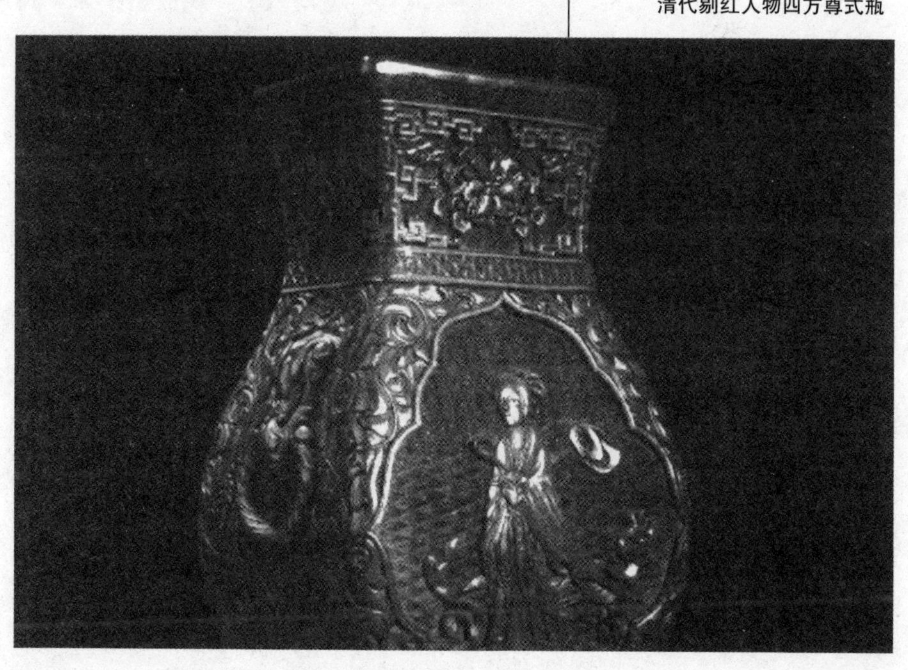

清代剔红山水人物纹盒

适宜，清逸有致，为明代漆器精品。

剔红山水人物纹几，明代漆器。高20厘米，长50.5厘米，宽30厘米。束腰，带托腮，通身雕刻花纹。长方形几面上雕刻山水人物图案。托腮、腿及牙子上刻有二十朵连枝牡丹。刀法圆润明快，藏锋不露，具有明代宣德年间嘉兴雕漆风格。

剔红五老祝寿图圆盒，明代漆器。圆形，平盖。通体绿漆刻云纹锦地，朱漆雕花纹图案。盖面饰松云山石，五仙人分持桃实、花杖、葫芦、卷轴、灵芝。灵芝中升起一缕轻烟，向上盘绕成草书“寿”字，为群仙祝寿之意。盖、器外壁分别雕云龙

明代剔红双凤莲花盏托

纹和海水云纹。有刀刻竖行填金楷书“大明嘉靖年制”六字款。

剔红花卉盏托，明代漆器。高 11 厘米，口径 12.5 厘米。盏托为承盏之器，圆口，中间阔出葵瓣式盘，下接外撇高圈足。通体黄漆素地之上雕朱漆花卉，有菊花、牡丹、栀子花、茶花、石榴等。托内髹黑漆，足内右侧竖刻“大明永乐年制”针划款。

金漆木雕漆匣
明代剔红梅花如意纹香盒

黑漆描金嵌蜜蜡提匣，清代漆器。长36厘米，宽22厘米，高27厘米。长方形，共四层，带提梁。通体黑漆彩金象锦纹地，饰描金花卉纹。盖面正中嵌红色蜜蜡螭纹，四角嵌花；匣四壁嵌蜜蜡蟠螭纹，并饰描金变形勾莲纹。所嵌蜜蜡均高于漆地表面，具有立体效果。此匣装饰优美生动，描金精细。在漆器作品中，纯以蜜蜡为镶嵌材料的作品比较少见。蜜蜡是一种矿物，与琥珀同类而色淡，也称金珀。

红漆描黑诗句碗，高5.6厘米，口径10.8厘米，足径4.7厘米。撇口，下敛，

明代剔红四季花卉轮花重盒

圈足。碗内外红漆地描黑漆，碗内底部绘松树、梅花、佛手，碗内壁绘二周如意云纹，有乾隆丙寅小春御题诗一首："梅花色不妖，佛手香且洁。松宝味芳腴，三品殊清绝。烹以折脚铛，活之承筐雪。火候辨鱼蟹，鼎烟迭生灭。越瓯泼仙乳，毡庐适禅悦。五蕴净太半，可司不可说。馥馥兜罗处，活活云浆澈。偓佺遗可餐，

紫砂胎剔红山水人物执壶

林逋赏时别。懒举赵州案，颇笑玉川谲。寒宵听行漏，古月看悬块。顿饱趁几余，敲吟与无竭。”底有三行“大清乾隆年制”篆书款。

黑漆描金云龙圆盒，清代漆器。高19厘米，口径37.2厘米。圆形，天盖地式，平盖面，四工字形云纹足。通体髹黑漆，施彩金象描金花纹。盖面描金云龙纹，中

清代黑漆描金人物图盒

心有楷书描金“乾隆年制”双行款。盖壁描金字锦地，四菱形开光，内描金牡丹花、蝴蝶、天竺、菊花等花卉纹。盒内置双层形屜匣八个，罩玻璃面。匣中心为中空圆筒状，内设暗机关可控制双层屜匣开合。匣内置小筒形盒五个，均描金花蝶纹。此盒设计精巧，是一件集实用与欣赏为一体的漆器精品。

紫地描金花卉多穆壶，清代漆器。高58.3厘米，口径14.5厘米。壶口为僧帽式，方形曲流。紫漆为地，描金缠枝莲纹。壶身由五道棱线分隔图案为五层，描金龙头，火珠纹。盖部描金花瓣纹，盖和身附有环

春秋漆器

漆器上的精美雕刻

清代漆砚台

形链。造型别致，构思新颖。

沈氏脱胎漆桃盘，清代漆器。通高66.7厘米，口径53厘米。脱胎，通体髹彩漆和金漆。下为底座，作福海寿山中鳌鱼负荷叶形盘，盘中盛大桃、小桃和枝叶，器底有“沈正镐”圆形印。

沈正镐，福州人，著名髹漆巨匠沈绍安玄孙，漆工得家传之秘，名重一时。清末民初，沈正镐曾参加万国博览会，获得好评。此盘是沈正镐的漆器代表作。

黑漆嵌螺钿云龙纹圆盘，清代漆器。高4.5厘米，口径34.8厘米。折底，外壁髹光素黑漆，内壁饰书卷、犀角、钱币等杂宝纹，盘心饰双龙戏珠纹，用经过研磨、裁切的贝壳薄片作为镶嵌纹饰。

明代剔红茶花圆盒

金漆木雕人物花鸟纹八宝匣，清代漆器。通高11厘米，长35厘米，宽19厘米。匣身以整木雕制，匣面四周起线成盘状，内平分八格，分别浮雕桃、榴、菊、梅等花果，饰以金箔，以朱漆地相衬。正面设三开窗，内嵌贴金透雕人物、花鸟；左右两侧面也设开窗，内浮雕花鸟、杂宝；底部挖空，设四足；背面为黑漆素身。盖面以黑漆作地，浅刻修竹、诗句及印款，并描金装饰。

明代红雕填花卉云鹤圆漆盒

剔红文房用具，清代漆器。高11.8厘米，长28.5厘米，宽25.5厘米。书几为长方形，牙板上雕缠枝花纹，托泥上雕莲瓣纹。书几上置长方盘，盘内有六盒，形状各异，文房用具置于盒内。盘内两侧各置雕漆管紫毫笔一支，长方委角扁盒内置描金海水云龙纹朱墨一锭，三希堂墨一锭；二方盒内一置掐丝珐琅印泥盒，一置白玉兽纽印章一方；钟形盒内置松花石砚一方，砚背面刻有“出天汉，胜玉英，琢为砚，纯粹精，敕几藁藻屡省成”。长方形书匣内置《佩文诗韵》一册，筒形盒内置掐丝珐琅镇纸五具。整器色彩艳丽，纹饰简练，雕刻精密，工艺惊人。

五　漆器的保养

古代漆器十分珍贵，必须妥善保养。漆器胎质不同，保护方法也不同：以金属为胎的漆器，胎质较为坚固，不易损坏，对这类漆器以保护漆层为主；以木、竹为胎的漆器，不仅要注意保护漆层，还要注意保护胎体。

漆器在收藏时要避免阳光曝晒和烟熏，否则漆器会变形和暴皮。收藏室的温度不宜急剧变化，温度不能低于零度。环境要避免忽干忽湿。许多精美的古代漆器，即使长期埋藏在潮湿的地下或干燥的沙漠中，也能保持光艳如新，但出土后会因环境湿度变化大而出现变形、变色等现象。这是因为空气过于干燥时，漆器容易断裂；湿度过大时，漆器容易变形和脱漆。最好把漆器放在温度和湿

剔犀云纹长方盒

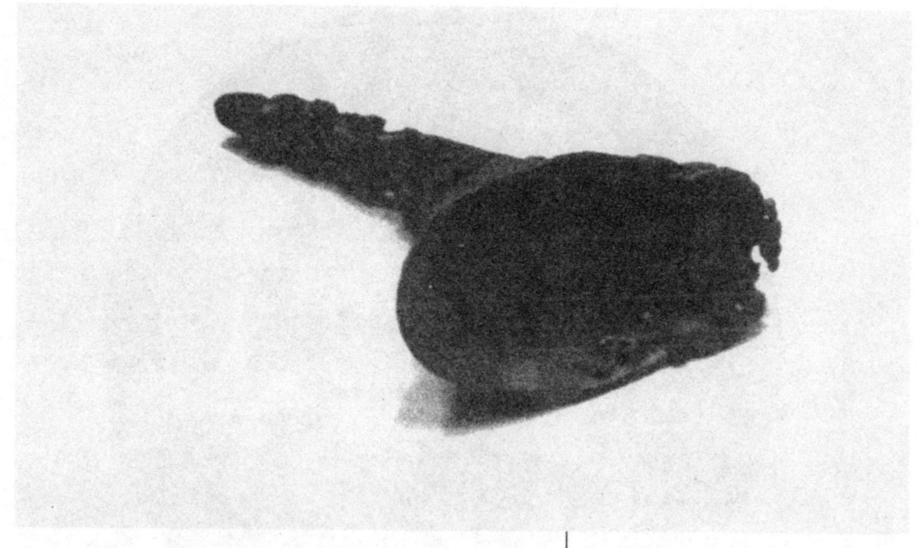

犀角雕兰亭修契图杯

度比较恒定的房中。保存漆器的环境相对湿度最好控制在50%—60%之间，每日温度变化上下不宜超过2℃—5℃。环境温度也不宜过高，一般控制在15℃—25℃之间比较合适。

为防止漆器干裂，可在漆器表面打一层微晶石蜡的保护层。收藏时不要把漆器放得离地太近，也不要放在铺设海绵的地上。因为地上湿气大，海绵的吸水力又比较强，容易使漆器发霉脱漆。

移动漆器时应双手轻拿轻放，不要与坚硬、锐利的物体碰撞或摩擦，要避免剧烈震动。因为有的漆器在地下埋藏千年左右，胎质早已变疏松了，稍有不慎就会损坏。

漆器修复要在干燥的环境中进行。细

清代漆捧盒

小裂纹可用虫胶、乙醇溶液灌注充填，粘接残破漆器和填补较大裂缝时可以用环氧树脂。漆器上残缺的花纹图案要用中国漆修补，干后要用砂纸打磨，上退光漆，并打蜡抛光。

盐、碱等物质对漆器有一定损害，要远离这些东西。漆器应注意防尘，有灰尘积淀时可用鸡毛掸子或柔软的毛刷轻轻清理，或用棉纱擦拭。漆器表面沾上污垢时，可用洗涤剂清洗，也可以用棉纱蘸上少许食用油轻轻擦拭。漆器可用涂抹寿山石的白花油保养：用纸巾蘸点白花油，往漆器上涂抹即可。